MIRELA UND ANDRÉ STANLY

Unnützes Wissen MÜNCHEN

711 ERSTAUNLICHE FAKTEN

emons:

Druck und Bindung: EDICA Sp. Z o.o., Polen
Gestaltung und Produktion:
Weusthoff Noël, Kommunikation.Design,
Hamburg, www.wnkd.de
Printed in Poland 2013
ISBN 978-3-95451-115-0
Originalausgabe

FSC
www.fsc.org
MIX
Papier aus verantwortungsvollen Quellen
FSC® C113996

»WISSEN IST MACHT, UNNÜTZES WISSEN MACHT SPASS!«

ES GIBT BÜCHER ÜBER MÜNCHEN, über Münchens Schlösser, über 111 Orte in München, die man gesehen haben muss, über die Bavaria, über alle Stadtteile, über das Oktoberfest und, und, und …

Und jetzt gibt es auch ein Buch mit unnützen Fakten über München. Einfach, knapp, unverschnörkelt, ohne viel Blabla. Unnütz, aber nicht nutzlos.

Denn manche Fakten darin scheinen nur auf den ersten Blick unnütz. Wie zum Beispiel, dass **»MÜNCHENS EINZIGER 24-STUNDEN-KIOSK AN DER REICHENBACHBRÜCKE IN WIRKLICHKEIT NUR 23 STUNDEN OFFEN HAT, DENN VON 5–6 UHR WIRD GEPUTZT.«**

Wenn du nämlich nach einer durchzechten Nacht aus einem der zahlreichen Lokale an der Feierbanane fällst und noch Heißhunger auf Chips mit Currygeschmack hast, und die Uhr zeigt verschwommen 5.30 Uhr – dann weißt du, dass du dich noch ein halbes Stündchen an den Isarstrand legen und dann in aller Ruhe deine Chips am Kiosk an der Reichenbachbrücke kaufen kannst.

Auch dieser Fakt wirkt zunächst total unnütz:
»DAS 200-SEELEN-DORF MUNICH IM AMERIKANISCHEN NORTH-DAKOTA, DAS NACH MÜNCHEN BENANNT WURDE, LIEGT AM SELBEN BREITENGRAD WIE MÜNCHEN.«

Wahrscheinlich wirst du nie in dieses Nest nahe der kanadischen Grenze kommen, in dem 59 % der Einwohner deutschstämmig sind, obwohl sogar eine Eisenbahnstrecke durchführt. Wozu also könntest du diesen Fakt gebrauchen? Stell dir vor, du bist eines Tages auf einer Party, bei der jemand mit seinen München-Kenntnissen prahlt und »Insiderwissen« aus dem Merian-Reiseführer zum Besten gibt, dann wirf doch einfach mal diesen Fakt in die Runde! Mal sehen, was er darauf zu erwidern weiß. Und dann trittst du noch mit einem **»FRÜHER BEDEUTETE DAS WORT ›MÜNCHEN‹ SO VIEL WIE ›KASTRIEREN‹.«** nach. Touché!

Genau so kann es dir mit allen **711 IN DIESEM BUCH VERSAMMELTEN FAKTEN** ergehen.

Was du mit ihnen anfängst, bleibt dir überlassen. Ob du darüber staunst, darüber lachst, damit angibst oder sie einfach als leichte Lektüre auf der Toilette griffbereit hast.

Wir wünschen viel Vergnügen, denn: »Wissen ist Macht, unnützes Wissen macht Spaß!«

Besuch uns bei Facebook:

www.facebook.com/UnnuetzesWissenMuenchen

001 // Das gesamte Münchner Straßennetz mit dem ***Taxi*** zu durchfahren würde etwa ***3.460 Euro*** kosten.

002 // In der Frauenkirche haben ***20.000 stehende Menschen*** Platz. Zum Zeitpunkt ihres Entstehens Ende des 15. Jahrhunderts hatte München allerdings nur 13.000 Einwohner.

003 // Früher verwendete man in einigen Gegenden Deutschlands mundartlich das Wort ***»münchen« für kastrieren***.

004 // EINE RESTAURANTKETTE AUF MALLORCA HEISST »MÜNCHNER KINDL«.

005 // Vom kleinen Finger der Bavaria wurden zu ihrer Enthüllung Abgüsse gemacht, die als ***Trinkhumpen*** verwendet wurden. Der Humpen fasste drei Maß Bier.

006 // Im Paulaner Bräuhaus heißt das Bier ***»Thomas Zwickl«***. Zwickl ist der Schlüssel, mit dem man einen Biertankhahn öffnet.

007 // Die Entfernung München-Mekka beträgt ***3.893 Kilometer*** Luftlinie.

M UL 9111

008 // Jeder ***Baum*** in München muss eine Grundfläche von 24 Quadratmetern und eine Mindestbreite von drei Metern zur Verfügung haben.

009 // MÜNCHNER VERBRINGEN PRO JAHR 39,48 STUNDEN IN STAUS.

---

010 // Würde man die Linie zwischen dem Nordturm der Frauenkirche und dem Turm der Heilig-Geist-Kirche verlängern, würde sie genau nach ***Mekka*** führen.

011 // Die runden Abfalleimer in den Fußgängerzonen werden von den Straßenreinigern ***»Fuzo«*** genannt.

012 // DIE ABFALLEIMER HABEN NOPPEN, DAMIT WILDPLAKATIERER SIE NICHT ZUPLAKATIEREN KÖNNEN.

---

013 // Der in München geborene Sohn von Udo Jürgens, John Jürgens, hat den Künstlernamen ***DJ John Munich***.

014 // Zur 800-Jahr-Feier Münchens 1958 wurde in der Sonnenstraße die damals ***»hellste Leuchte der Welt«*** montiert. Sie hatte eine Lichtleistung von 12.000 100-Watt-Glühbirnen.

015 // 1965 ERFOLGTE IN MÜNCHEN DER ERSTE SPATENSTICH ZUM U-BAHN-BAU. EIN JAHR DANACH, 1966, WURDE DIE LETZTE GASLATERNE VOR SCHLOSS NYMPHENBURG ENTFERNT.

---

016 // CSU-Politiker Thomas Goppel, der wegen eines satirischen Papst-Titelbildes dem ***»Titanic«-Chefredakteur*** »am liebsten die Lizenz zum Schreiben entziehen« würde, ist Fördermitglied der »Komischen Pinakothek«, eines geplanten Satire-Museums für München.

017 // Der Tag der Eröffnung der Fußgängerzone Kaufingerstraße war der ***4.444. Amtstag*** des damaligen Bürgermeisters Hans-Jochen Vogel.

018 // FANS HABEN DIE ORLANDO-DI-LASSO-STATUE AM PROMENADEN-PLATZ ZUR MICHAEL-JACKSON-GEDENKSTÄTTE UMFUNKTIONIERT. DI LASSO WAR DER BEDEUTENDSTE MUSIKER DER HOCHRENAISSANCE, FIEL ALS CHORKNABE DURCH SEINE HELLE UND LIEBLICHE STIMME AUF, SETZTE SICH FÜR DAS KASTRATENTUM EIN UND KOMPO-NIERTE »DAS GROSSE NASENLIED«.

---

019 // München hat im Jahr 2013 insgesamt ***1,361 Milliarden Euro Schulden***, das ist weniger, als Berlin an Zinsen für seine Schulden zahlen muss.

020 // Die ersten Glühlampen des Schottenhamel-Zelts auf der Wiesn schraubte 1886 ***Albert Einstein*** als Lehrling der Elektrofirma seines Vaters ein.

021 // In München gibt es acht ***SM-Studios***.

022 // Das Monster aus Mary Shelleys »Frankenstein« wurde in der Universität Ingolstadt »zusammengebaut«. 1826 wurde diese Universität nach München verlegt, sodass ***Frankensteins Monster*** indirekt aus der Ludwig-Maximilians-Universität München stammt.

023 // 2012 besuchten ***6.132.484 Touristen*** München.

024 // FÜR DIE SKULPTUREN AM GROSSEN EISBÄRENBRUNNEN IM BERLINER ZOO STANDEN VIER EISBÄREN AUS DEM MÜNCHNER TIERPARK HELLABRUNN MODELL.

025 // Streng genommen wird nur jeder in dritter Generation in München Geborene als ***Münchner Kindl*** bezeichnet.

026 // Obwohl sie in Stuttgart geboren ist, darf sich ***Pumuckl-Erfinderin Ellis Kaut*** zu Recht Münchner Kindl nennen: Sie war das erste »Münchner Kindl« am Oktoberfest.

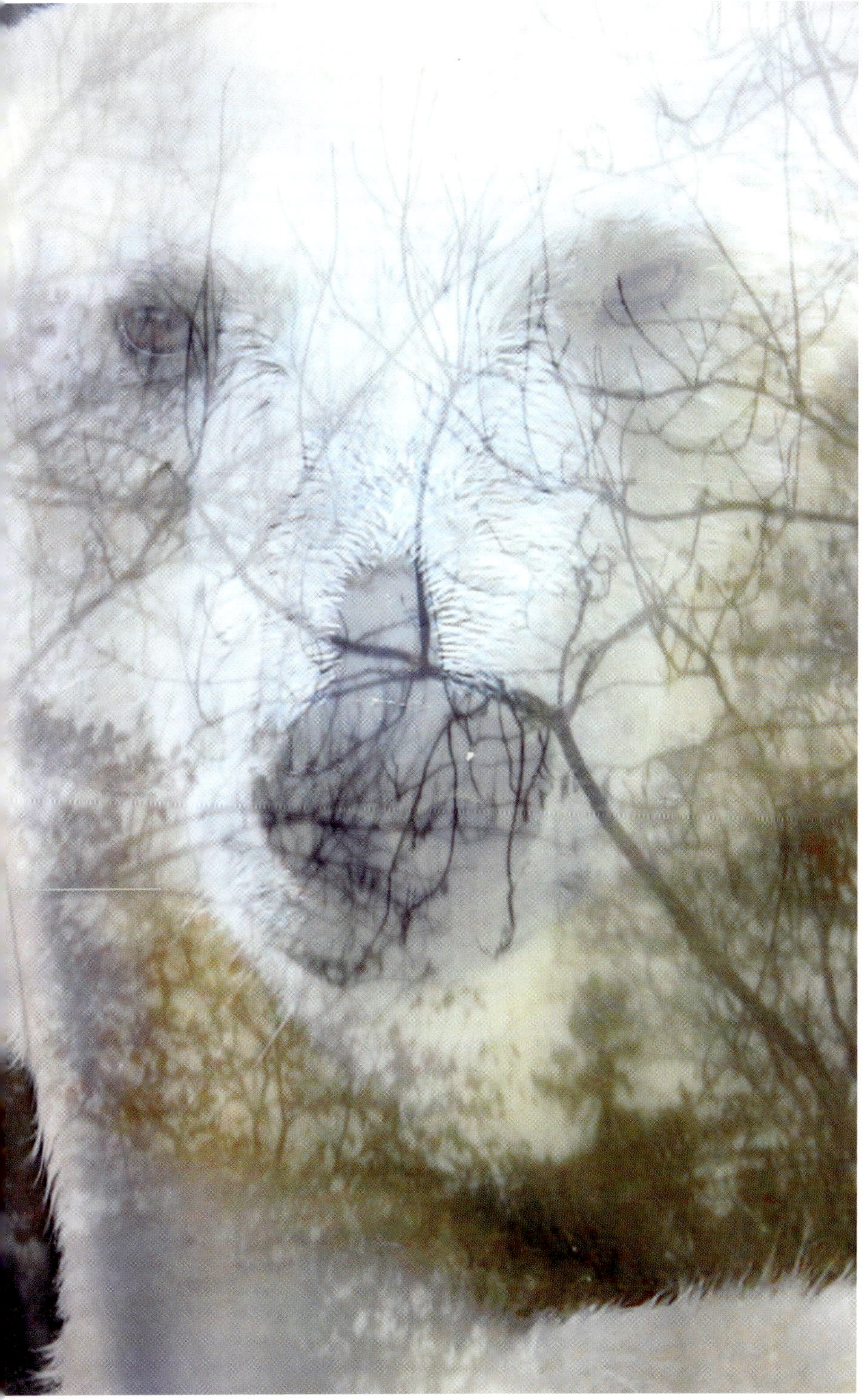

027 // Die US-Metal-Band »Mötley Crüe« fügte zwei Umlaute in ihren Namen ein, weil das »Löwenbräu« ihr ***Lieblingsbier*** ist.

028 // In München gibt es ***»d'Schwuhplattler«***, der erste und einzige schwule Schuhplattler-Verein der Welt.

029 // Die ***erste Aufgabe*** des ersten namentlich bekannten Henkers Münchens, »Magister Haimpert«, war es, seinen ***Vorgänger zu hängen***.

030 // DIE STRASSENLATERNEN AM VIKTUALIENMARKT HEISSEN »ALT MÜNCHEN«.

---

031 // Die eigentlich bunten ***Deckengemälde*** der Damenstiftskirche ***St. Anna*** wurden nach dem Krieg in Schwarz-Weiß wiederhergestellt, da vom Originalzustand nur Schwarz-Weiß-Aufnahmen vorlagen.

032 // In München gilt: Wer von sich behauptet, ein »alter Münchner« zu sein, muss mindestens ***sieben der alle sieben Jahre stattfindenden Schäfflertänze miterlebt*** haben.

033 // Am Waldfriedhof steht auf dem Kreuz der Schriftstellerin Lena Christ als Todestag der ***»31. Juni«*** (den es nicht gibt).

034 // Die Frauenkirche war das ***erste deutsche Fotomotiv***.

035 // Bei der Gründung Münchens ***1158*** gab es noch ***kein Hopfenbier*** in Deutschland.

Laurèl
Laurèl

036 // EINE BRUST DER JULIA-STATUE AM ALTEN RATHAUS IST BLITZBLANK, WEIL SIE IMMER VON TOURISTEN FÜR FOTOS »BEGRAPSCHT« WIRD, WAS ANGEBLICH EWIGES LIEBESGLÜCK BRINGEN SOLL.

037 // Eine ***Kopie*** der Julia-Statue steht in einem Park am Shakespeareplatz in Bogenhausen.

038 // In den U-Bahnhöfen Odeonsplatz und Goetheplatz laufen ***seit dem Jahr 2000 ununterbrochen*** in einer ***300-Minuten-Schleife*** insgesamt nur zwölf Musikstücke.

039 // Der ***Meerkuh-Brunnen*** an der Isarau ist nach der Seekuh-Abbildung auf einer der vier Seiten des Brunnens benannt. Seitdem der Wasserhahn an dieser Seite verstopft ist, fließt das Wasser aus der Seite mit dem Riesenhummer.

040 // Christian Ude war der erste Oberbürgermeister, der beim ***Wiesnanstich*** nur zwei Schläge brauchte.

041 // Die meisten Schläge brauchte Ude in seinem ersten Jahr als Oberbürgermeister 1993: ***O'zapft war nach dem siebten Schlag.***

042 // Die ***Dienstumkleidekabinen*** der Polizeiinspektion 22 am Prinzregentenplatz befinden sich im ehemaligen Schlafzimmer von Adolf Hitler.

043 // Auf der Wiesn wurden Anfang des 20. Jahrhunderts ***»die drei dicksten Mädchen«*** Elsa, Elvira und Bertha präsentiert, die zusammen 566 Kilogramm wogen.

044 // Der berühmte Gastronomiekritiker Wolfram Siebeck bezeichnete die Münchner Weißwurst als ***»Albinopimmel«***.

045 // Da die ***Außenbeleuchtung*** der Allianz Arena anfangs ständig ihre Farbe änderte, ereigneten sich täglich rund um die Arena durchschnittlich zehn Autounfälle mehr.

046 // IM SCHOTTENHAMEL-ZELT AUF DER WIESN WIRD DAS SPÜLWASSER FÜR DIE BIERKRÜGE DANACH ALS SPÜLWASSER FÜR DIE TOILETTEN VERWENDET.

047 // TV-KOCH ALFONS SCHUHBECK HAT SICH 30 INTERNETADRESSEN GESICHERT.

048 // Einer der bekanntesten ehemaligen Türsteher des ***»P1«*** heißt mit Nachnamen Fister.

049 // Vor der ***»UnhaltBar«*** in der Baaderstraße 49 ist ein Warnschild für Radfahrer angebracht, auf dem steht: »Anlehnen ist Risiko – Sie fahren ohne Luft weg!«

050 // Am 15. Dezember 1958 machte der neugeborene Thomas Seehaus, Sohn des Kaminkehrermeisters Hubert Seehaus aus Pasing und seiner Frau Brigitte, München zur ***Millionenstadt***.

051 // Das Millionenkind Thomas Seehaus ist als Teamleiter für die ***Kommunikationsleitungen*** (Geldautomat, Notrufe, Telefone) auf dem Münchner Oktoberfest verantwortlich.

052 // DIE GROSSEN ABSPANNMASTE, DIE IN MÜNCHEN DIE STRASSENBAHN-OBERLEITUNGEN TRAGEN, REICHEN IN IHREM FUNDAMENT BIS 2,40 METER UNTER DIE ERDE.

053 // Das nicht anerkannte selbst ernannte ***Fürstentum Seborga*** in Italien mit 323 Einwohnern hat ein ***Konsulat*** in München-Bogenhausen.

054 // Pro Eintrittskarte für ein Konzert der ***Münchner Philharmoniker*** schießt die Stadt München 103 Euro zu. Pro Eintrittskarte in den ***Tierpark Hellabrunn*** 1,32 Euro.

055 // Der Mietvertrag der 089 Bar geht bis ins Jahr ***2027***.

056 // In der Zentrale des ***Chaos Computer Clubs*** München gibt es eine Anzeigetafel am Getränkeautomaten, die anzeigt, wann die nächsten MVV-Busse kommen.

057 // Der Münchner Schuhmacher Bert Kreca aus dem Glockenbachviertel fertigte ***Schuhe in Größe 65*** für den größten Mann der Welt, Sultan Kösen.

058 // Das ***Romantic Lounge Stundenhotel*** befindet sich in der ***Trieb***straße.

059 // Schreibt man die Buchstaben von München gemäß ihrer Stelle im Alphabet (A = 1, B = 2, C = 3), so erhält man die Zahl ***13211438514*** (Ü = U). Die Quersumme dieser Zahl ist 38, dieselbe Quersumme, die der Name von Münchens Partnerstadt Harare in Simbabwe ergibt.

060 // AUF DER KAUFINGERSTRASSE LIEGEN ACHT BEKLEIDUNGSGESCHÄFTE DIREKT TÜR AN TÜR: ZARA, ZERO, H&M, PIMKIE, NEW YORKER, ESPRIT, NOCH EINMAL H&M, BREITER HUT&MODE.

061 // Bei der *»Tombola für München«* hat eine Losverkäuferin im Jahr 2000 den Hauptpreisgewinnern mehrere Autos im Gesamtwert von 340.000 Mark vorenthalten.

062 // Am Oktoberfest werden ***436 Tonnen Speisereste*** und Knochen weggeworfen.

063 // Die ***Elektronische Fahrplanauskunft*** des MVV hat zur Wiesnzeit im September 2012 erstmals über eine Million Anfragen pro Tag verzeichnet.

064 // ***Beschäftigte der Stadt München*** sind mehr als doppelt so oft krank wie der Rest der deutschen Arbeitnehmer.

065 // Im Münchner Stadtgebiet gibt es ***1.111 Ampeln***.

066 // Auf der Wiesn werden jährlich etwa ***10.000 Tonnen*** CO_2 ausgestoßen.

067 // VON DER STRASSENZEITUNG BISS WERDEN MONATLICH 38.000 STÜCK VERKAUFT.

068 // Der ***Kiosk*** an der Reichenbachbrücke darf am Sonntag nur Bier, nicht aber Wein oder Prosecco verkaufen.

069 // Früher fasste eine ***Maß 1,069 Liter***.

070 // Am ***Heiligen Abend*** 2012 wurde in München mit ***20,7 Grad Celsius*** die höchste Temperatur an diesem Tag seit Beginn der Wetteraufzeichnungen gemessen.

071 // Bei einem ***Schlag mit einem Maßkrug*** entsteht eine Kraft von über 8.500 Newton. Der Kopf eines Menschen bricht im Bereich des Scheitels bei rund 4.000 Newton.

072 // Während des Oktoberfestes zahlt man in Münchner Hotels bis zu ***850 Prozent Aufschlag***.

073 // ***111 Mädchen*** wurden 2011 in München ***»Anna«*** getauft.

074 // Die Mariensäule ist aus ***Adneter Marmor*** aus Österreich gefertigt, der in Wirklichkeit kein Marmor, sondern Kalkstein ist.

075 // Der ***älteste Baum Münchens*** ist eine über 300 Jahre alte Linde am Rande des Westfriedhofs Ecke Nederlinger Straße/ Baldurstraße.

076 // AN EINEM EINZIGEN SONNIGEN TAG MUSS DIE STADT MÜNCHEN AM ISARSTRAND FÜNF TONNEN MÜLL WEGRÄUMEN.

077 // Die Kellnerin Coletta Möritz stand im Sterneckerbräu im Tal Modell für die »Schützenliesl«, Bayerns erstes Pin-up. Sie starb 1953, als der Schlager ***»Schützenliesel – dreimal hat's gekracht«*** ein Wiesnhit wurde.

078 // Am Amtsgericht München sind ein Drittel aller Fälle ***Zivilverfahren*** mit einem Streitwert unter ***600 Euro***.

079 // ZUR WIESNZEIT FAHREN DIE ROLLTREPPEN DER MVG SCHNELLER ALS SONST.

---

080 // Auf der ***Wasserburger Landstraße*** wird am meisten ***geblitzt*** (160-mal im Jahr).

081 // Der ***Oberbürgermeister*** von München und der ***Ministerpräsident*** von Bayern verdienen zusammen weniger als der Chef des Münchner Flughafens.

082 // Der orangefarbene ***Staubsaugerzug***, der nachts die U-Bahn-Gleise säubert, wird von den MVV-Mitarbeitern ***»Schlucki«*** genannt.

083 // Anfang des 20. Jahrhunderts gab es in München ***Trambahnschienenritzenreinigungsdamen***.

084 // Obwohl München eine ***kreisfreie*** Stadt ist, heißt das Ordnungsamt ***»Kreisverwaltungsreferat«***.

085 // Die ***Monatsmiete der Tiefgarage*** im neuen Palais an der Oper beträgt mit 375 Euro etwa genauso viel wie der ***Hartz-IV-Monatsregelsatz***.

086 // Im Jahr 2012 war ***»FC Bayern München«*** der am fünftmeisten verwendete Begriff auf deutschen Facebook-Seiten.

087 // Die Polizei soll in München versucht haben, durch eine eigene Dönerbude die NSU-Morde aufzuklären. Die Beamten bezahlten ***1.200 Euro Startkapital für die Befüllung des Imbisswagens*** aus eigener Tasche.

088 // Die ***Rettich-Sorte***, die das Münchner Kindl in der Hand hält, heißt ***»Münchner Bier«***.

089 // DIE MCDONALD'S-FILIALE AM STACHUS WAR IM ERSTEN HALBJAHR 2006 DIE UMSATZSTÄRKSTE DER GANZEN WELT.

---

090 // In einigen Münchner Mietshäusern gibt es noch in jedem Stockwerk Öffnungen zu Schächten, durch die man früher den Müll entsorgt hat, sogenannte ***»Müllschlucker«***. Seit 2011 dürfen Vermieter dafür ***68 Cent pro Quadratmeter auf die Miete*** aufschlagen, unabhängig davon, ob er funktioniert oder nicht.

091 // In Holzbalken der in Nepal gefertigten nepalesischen ***Pagode im Westpark*** wurden ***400 Kilogramm Haschisch*** nach München geschmuggelt.

McDonald's
bubble tea
McDonald's
МАКДОНАЛДС
McDonald's

092 // AUF DEM BERLINER TELEFONBUCH 2008 BAND L–Z WAR WEGEN EINES VERSEHENS STATT DES BERLINER ROTEN RATHAUSES EIN JAHR LANG DAS MÜNCHNER RATHAUS ABGEBILDET.

093 // Der Name des Stadtteils Feldmoching kommt ursprünglich von ***»Feld des Macho«***.

094 // Die ***Schuhgröße des »Walking Man«*** in der Leopoldstraße ist 302.

095 // In München gibt es ***1.065.920 Facebooknutzer***.

096 // In der ***Bayerischen Staatsbibliothek*** in München und der Universitätsbibliothek München befinden sich ***Drucke des ältesten Erdglobus***, auf dem zum ersten Mal der Name »Amerika« zu lesen ist.

097 // München liegt ***südlicher*** als Wien.

098 // Durch ***Falschparker*** nimmt die Stadt München im Jahr circa 10,5 Millionen Euro ein.

099 // DIE BEIDEN GLASPYRAMIDEN AM U-BAHNHOF KLINIKUM GROSSHADERN HÄTTEN MIT JE 18 GEPLANTEN METERN FAST SO GROSS WIE DIE PYRAMIDEN VORM LOUVRE WERDEN SOLLEN. GEWORDEN SIND ES JE NEUN METER.

100 // Giesing war im Mittelalter ***Zufluchtsort für Tagelöhner***, die in der Stadt kein Ansiedlungsrecht bekamen.

101 // Am 20. Januar 2008 stürmten 700 Menschen die McDonald's-Filiale am Stachus und bestellten ***4.385 Burger, 20 Chicken McNuggets, zwei Happy Meals und ein Bier***.

102 // Auf Bewirtungsflächen vor Lokalen müssen als Pflanzengefäße ***runde Terrakottatöpfe*** mit einem Durchmesser von maximal 60 Zentimetern verwendet werden. Sie sollen im Abstand von zwei Metern locker stehen.

103 // ***Kurt Cobain*** gab sein letztes Konzert am 1. März 1994 im »Terminal 1« in München-Riem.

104 // SEIT DEN OLYMPISCHEN SPIELEN 1972 SIND DIE BETONPLATTEN MIT DAZWISCHEN VERLAUFENDEN PFLASTERBÄNDERN AUS KLEINEN STEINEN AUS GRANIT AUF DER FUSSGÄNGERZONE EIN MARKENZEICHEN MÜNCHENS.

105 // Die Wartehäuschen an Münchner Bus- und Tramhaltestellen heißen ***»Schranne«***.

106 // Der ***große rote Ring*** von Mauro Staccioli an der Luisenstraße war Teil einer Wechselausstellung. Als er schon in Einzelteile zerlegt und verpackt war, wurde er auf Wunsch der Münchner dauerhaft wieder aufgestellt.

107 // Im Paulaner Bräuhaus wird zu Fasching ***analog zum Kölsch ein »Münsch«*** gebraut.

108 // Die weißen Nägel auf der Glasfassade der Herz-Jesu-Kirche in der Lachnerstraße 8 ergeben in einem eigens für die Kirche erfundenen ***Buchstabencode*** die Worte der Johannespassion.

109 // Im Münchner ***Völkerkundemuseum*** steht das älteste erhaltene Kajak der Welt.

110 // Auf dem Zerwirkgewölbe Ecke Sparkassenstraße/ Ledererstraße steht unter dem Wandgemälde, dass es ***1708*** Zerwirkgewölbe war. Auf der von der Stadt direkt daneben angebrachten Tafel steht, dass es seit ***1808*** Zerwirkgewölbe ist.

111 // Das komplette Münchner Straßennetz ist ***2.300 Kilometer*** lang.

112 // MÜNCHENS EINZIGER 24-STUNDEN-KIOSK AN DER REICHENBACHBRÜCKE HAT IN WIRKLICHKEIT 23 STUNDEN OFFEN, DENN VON 5–6 UHR WIRD GEPUTZT.

113 // Das erste Kapitel von Bram Stokers »Dracula« spielt eigentlich in München. Das Kapitel wurde später weggekürzt, übrig blieb die Zeile: ***»3. Mai, Bistritz. Verließ München um 8.55 Uhr morgens am 1. Mai.«***

114 // Die Firma, die in München die ***Wartehäuschen*** betreibt, heißt MGM – »Münchner Gesellschaft für Stadtmöblierung«.

115 // Die Beseitigung von ***Vandalismusschäden*** in der Münchner U-Bahn kostet pro Jahr 1,5 Millionen Euro.

116 // München braucht jährlich rund ***7.000 neue Wohnungen***, es werden aber nur 5.000 fertig.

117 // Um auf Italienisch München von Monaco zu unterscheiden, verwenden die Italiener oft den Zusatz ***»Monaco di Baviera«***.

118 // Offiziell wurde die ***Weißwurst*** am ***22. Februar 1875*** im Gasthaus »Zum Ewigen Licht« am Marienplatz erfunden. Ähnliche Würste gab es aber schon im 14. Jahrhundert in Frankreich.

119 // In einer Vorversion der Kindersendung »Löwenzahn«, ***»Pusteblume«***, wohnt Peter Lustig in einem Haus in München, wo die Serie auch gedreht wurde.

120 // Nach den Zerstörungen des Zweiten Weltkriegs gab es Überlegungen, München ganz aufzugeben und am Starnberger See dafür eine riesige ***Retortenstadt*** entstehen zu lassen.

ZOO
TAXI
50
TAXI

121 // BIS 2003 STAND IN MÜNCHENS ALTSTADT JEDE SECHS METER EIN VERKEHRSSCHILD. DANACH WURDEN 3.000 VON 4.200 SCHILDERN ABGEBAUT.

---

122 // Der Tiergarten Hellabrunn war der erste Zoo der Welt, der die ***Gehege der Tiere nach Herkunftsland*** sortierte.

123 // Das Münchner ***Führerhauptquartier*** wurde 1943 an der ***Heil***mannstraße errichtet.

124 // DER BRAUCH, DEN LÖWENFIGUREN AM RESIDENZPORTAL DIE NASE ZU BERÜHREN, KOMMT DAHER, DASS DIE MÜNCHNER IHRE VERBUNDENHEIT ZUM FÜRSTENHAUS (REPRÄSENTIERT DURCH DEN WITTELSBACHER LÖWEN) ZEIGEN WOLLTEN.

---

125 // Das Verkehrszentrum des Deutschen Museums hat einen ***»Kutschensimulator«***, der die Bewegung auf holprigen Straßen simuliert.

126 // Das Logo der ***»GlücksSpirale«*** entstand aus dem Logo der Olympischen Spiele 1972 in München.

127 // 2011 wohnte in München ein ***einziger Staatsbürger*** aus Monaco.

128 // Im Raum München wohnen ***21 Prozent*** aller Bayern.

129 // Die Körbchengröße der Bavaria auf der Theresienhöhe ist *ZZZZ*.

130 // DER EINZIGE DER VIER ENGEL AUF DER MARIENSÄULE, DER SEINEM TIERISCHEN GEGNER NICHT IN DIE AUGEN SIEHT, IST DER ENGEL, DER GEGEN DEN BASILISKEN KÄMPFT.

131 // Mit dem ***ICE*** braucht man von München nach Hamburg fünf Stunden 50 Minuten. In derselben Zeit fliegt man direkt von München nach Dubai.

132 // Auf dem Flughafen München wurde 1995 das erste ***Multimediatelefon*** der Welt in Betrieb genommen.

133 // Der norwegische Schriftsteller ***Henrik Ibsen*** sagte: »Es gibt nur zwei Städte, in denen man leben kann: Rom und München!«

134 // Ein 1938 gebauter Stollen für eine geplante U-Bahn unter der Lindwurmstraße wurde nach dem Krieg für eine ***Champignonzucht*** zweckentfremdet.

135 // Aloisiator, Animator, Suffikator, Equator, Impulsator, Pfaffenator, Symphator, Sündenbock, Fuchsikator sind nur einige der Namen für ***Doppelböcke***, weil »Salvator« von der Paulaner-Brauerei geschützt ist.

136 // Im Disney-Film ***»Himmel und Huhn«*** sprach Christian Ude den Bürgermeister von Oakey Oaks.

137 // Den 17 Meter hohen ***»Walking Man«*** auf der Leopoldstraße hat derselbe Künstler geschaffen, der auch die löchrige, 30 Meter hohe Aluminiumfigur ***»Molecule Man«*** in der Berliner Spree entworfen hat: Jonathan Borofsky.

138 // DER EINDEUTIG VORWÄRTS-GEHENDE »WALKING MAN« STEHT VOR DEM GEBÄUDE DER »MÜNCHENER RÜCK«.

139 // Das ***Pro-Kopf-Einkommen*** in der Münchner Altstadt beträgt durchschnittlich 2.000 Euro, in Feldmoching-Hasenbergl beträgt es 1.388 Euro.

140 // Im Spielzeugmuseum in München sind die legendären ***Barbies Nr. 1, 2 und 3*** ausgestellt.

141 // Auf der ***großen Ratsglocke*** im Turm des Alten Rathauses am Marienplatz steht: »Den Rat einst rief ich, der Krieg verschlang mich, Bürgersinn schuf mich, die Stunde schlag ich, Anton Gugg goss mich.«

142 // Ein Tochterunternehmen der Deutschen Bank kaufte das ***pep-Einkaufscenter*** in Neuperlach 1984 für umgerechnet 54 Millionen Euro und verkaufte es 2011 für 408 Millionen Euro an einen Lehrerpensionsfonds.

143 // DER WOLFSBRUNNEN AM KOSTTOR ZEIGT ROTKÄPPCHEN UND DEN WOLF, WEIL DER STIFTER DES BRUNNENS DER GROSSHÄNDLER ADOLF WOLF WAR.

144 // Alle Bezirke Münchens hintereinander geschrieben ergäben ein Wort mit ***414 Buchstaben*** (ohne Bindestriche). Der häufigste Buchstabe ist das »e« (44-mal).

145 // Der erste ***Münchner Tatort*** war der 14. Tatort, der ausgestrahlt wurde, und hieß »Münchner Kindl«.

146 // Das ***Honorarkonsulat*** von Burkina Faso, einem der ärmsten Länder der Welt, befindet sich auf der Maximilianstraße.

147 // DIE MUSIKABTEILUNG DES KAUFHAUSES LUDWIG BECK AM RATHAUSECK HAT DAS GRÖSSTE SORTIMENT AN KLASSIK, JAZZ UND WELTMUSIK KONTINENTALEUROPAS.

148 // In der Pathologie des Klinikums München-Bogenhausen werden ***ägyptische Mumien*** untersucht.

149 // ***1.300 Münchner*** Haushalte könnten ein Jahr lang mit dem Strom versorgt werden, den die Wiesn verbraucht.

LUDWIG BECK

150 // AM STAUFFENHAUS DER BURSCHENSCHAFT STAUFFIA IN DER STOLLBERGSTRASSE 16 STEHT AUF DEN FÜNF KLINGELSCHILDERN: »BITTE – ALLE – FÜNF – KLINGELN – BETÄTIGEN!!!«

151 // Mirja Boes, Ralf Schmitz und Markus Majowski, die mit der Sat.1-Sketchserie »Die Dreisten Drei – Die Comedy-WG« bekannt wurden, lebten tatsächlich zusammen in einer ***WG in der Ohlmüllerstraße*** in der Au.

152 // In Münchens ***Trambahnen*** dürfen Rollstühle, deren Gesamtgewicht einschließlich der beförderten Person 300 Kilogramm überschreitet, nicht mitfahren.

153 // Das ***Klärwerk*** München I steht auf dem ehemaligen Stadtteil ***»Lappen«***.

154 // Im Jahr 2011 sammelten die Bediensteten des Münchner Abfallwirtschaftsbetriebs ***4.000 Tonnen Müll*** innerhalb des Mittleren Rings aus öffentlichen Mülleimern und von der Straße.

155 // Auf Münchner Stadtgebiet stehen ***9.000 Abfalleimer***, auf einen Abfalleimer kommen 160 Einwohner.

156 // Der Radiosender Energy München hieß früher Radio Xanadu und wurde eine Zeit lang von ***Thomas Gottschalk*** geleitet.

157 // Die ***Donnersbergerbrücke*** gilt mit täglich 160.000 Fahrzeugen als die am stärksten befahrene innerstädtische Straßenbrücke Europas.

Bitte
alle
fünf
Klingeln
betätigen !!!

158 // AM MÜNCHNER FLUGHAFEN SIND 60 PROZENT DER PASSAGIERE MÄNNLICH UND 40 PROZENT WEIBLICH.

159 // In München gehen im Jahr durchschnittlich ***865 Schüler ohne Abschluss*** von der Schule ab.

160 // Der Bau eines Logistikzentrums auf dem Areal der Münchner Großmarkthalle wurde durch ***500 dort lebende geschützte Eidechsen*** verhindert.

161 // Bedienstete des Abfallwirtschaftsbetriebs hatten im Jahr 2011 eine ***krankheitsbedingte Fehlquote*** von 12,5 Prozent. Die Mitarbeiter des Referats für Arbeit und Wirtschaft hatten eine Quote von 4,1 Prozent.

162 // Zwei Münchner haben das Kaufhaus Hirmer auf der Kaufingerstraße in einem 1 x 50 x 1,80 Meter großen, 50 Kilogramm schweren ***Lego-Modell*** nachgebaut.

163 // Jeder siebte Münchner empfindet seinen Job als ***»gefährlich oder körperlich anstrengend«***.

164 // Auf der Wiesn zahlte die Münchner Knödelei im Jahr 2011 ***29.700 Euro*** Standgeld, der Vogelpfeifer ***280 Euro***.

165 // IM MÜNCHNER STADTGEBIET SIND 416 AMPELN SO GESCHALTET, DASS BUS UND BAHN IMMER FREIE FAHRT HABEN.

166 // Die insgesamt fünf U-Bahn-Linien, die am Sendlinger Tor halten, haben hier pro Tag etwa ***1.350 Abfahrten***. Das heißt, pro Minute fährt eine U-Bahn.

167 // In Hellabrunn sind die ***mesopotamischen Damhirsche*** dem Parkteil Europa zugeordnet. In Wirklichkeit leben sie aber in Asien.

168 // BMW HAT IN MÜNCHEN EINE EIGENE POSTLEITZAHL: 80788

169 // Die Radlermaß wurde nicht wie angenommen 1922 vom Wirt Franz Xaver Kugler erfunden, dem das Bier ausgegangen war und der es mit Limonade mischte. ***Radlermaße*** wurden schon davor ausgeschenkt und wahrscheinlich zum Ende des 19. Jahrhunderts in einem ***Radlerklub*** erfunden.

170 // DER WIESNBRAUCH, NACH DEM MAN AN DER ART, WIE DIE DIRNDLSCHLEIFE GEBUNDEN IST, DEN FAMILIENSTAND ERKENNEN KÖNNEN SOLL, KOMMT AUS DEN USA. BEIM »HANKY CODE« ZEIGEN HOMOSEXUELLE MÄNNER DURCH BESTIMMTES TRAGEN EINES STOFFTUCHS IHRE SEXUELLEN VORLIEBEN.

BMW

171 // Nachdem der ehemalige TV-Assistent vom »Alten«, ***Charles M. Huber***, erfolglos im Wahlkreis München-Ost als Bundestagskandidat antrat, zog er 2012 von München nach Darmstadt, um dort zu kandidieren.

172 // EINES DER BEIDEN ZIFFERNBLÄTTER DER TURMUHR AM ISARTOR IST SPIEGELVERKEHRT ANGEBRACHT, SODASS DIESE UHR DIE EINZIGE RÜCKWÄRTSGEHENDE EUROPAS IST.

---

173 // München ist mit durchschnittlich 500 Neugründungen pro Jahr die Hauptstadt der ***IT-Start-ups***.

174 // Das Schwabinger Lokal »Eat. Life Kitchen« war das erste, in dem man das ***Essen per iPad bestellen*** kann.

175 // ***Rolf Zehetbauer***, der für die Innenausstattung des Hackerzelts verantwortlich ist, war der Szenenbildner der Filme ***»Ödipussi«***, »Das Boot« und »Die unendliche Geschichte«.

176 // In München wohnen ***15.457 Marias*** und 12.338 Annas.

177 // In München leben ***30.828 Hunde***, die täglich sechs Tonnen Hundekot erzeugen.

178 // Die ***»Spider Murphy Gang«*** benannte sich nach einem fiktiven Gangster im Elvis-Presley-Song »Jailhouse Rock«.

179 // DER NAME DER WOHNSIEDLUNG »BORSTEI« WURDE NACH EINEM PREISAUSSCHREIBEN VON EINER JURY AUSGEWÄHLT. WEITERE VORSCHLÄGE WAREN: PARADIES, SCHLARAFFENHOF, BORSTS WOHNAUTOMAT, BORSTELYSIUM.

180 // Beim Lied »Rosi« der Hip-Hop-Band »Blumentopf« aus dem Jahr 2012, das die Geschichte von ***»Skandal im Sperrbezirk«*** weitererzählt, singt Günther Sigl, der Sänger der »Spider Murphy Gang«, den Refrain.

181 // Die Küchenarmatur ***»Minta«*** von »Grohe« hat die Artikelnummer 32168.

182 // Das ***höchste Wohngebäude*** Münchens ist mit 87 Metern das ***Seniorenwohnheim*** am Westpark.

183 // 84 PROZENT DER MÜNCHNER HALTEN IHRE STADT FÜR LEBENSWERT.

184 // Das nur während der Wiesn geöffnete ehemalige ***Klohäuschen*** am Bavariaring 5 ist ein vom Palladianismus beeinflusster, neuklassizistisch-oktogonaler Bau.

185 // Der ***Jahreskrug*** der Wiesn 2012 wurde 6.000-mal erzeugt.

186 // In München blitzt es bei ***mobilen Blitzern*** 19-mal am Tag. Das ist 7.022-mal im Jahr.

187 // 284 Münchnerinnen und Münchner sind ***über 100 Jahre*** alt.

188 // Alle Ochsen der ***Ochsenbraterei*** auf der Wiesn kommen vom Gut Karlshof, das der Stadt München gehört.

189 // Im Februar 2012 gab es bei der Münchner Feuerwehr ***112 Brandalarme***.

190 // DER 1. FC BAYERN MÜNCHEN HAT AUF FACEBOOK MIT ÜBER 6 MILLIONEN MEHR FANS ALS DIE NACHFOLGENDEN ZEHN FUSSBALLKLUBS ZUSAMMEN.

191 // 11.000 Münchner sind mit ***46.000 Schusswaffen*** registriert. Ihnen stehen zwei Waffenkontrolleure des Kreisverwaltungsreferats gegenüber.

192 // Die Facebookseite ***»MVV Blitzer«***, die vor Kontrolleuren im MVV warnt, hat über 19.000 Mitglieder.

193 // Die BR-Serie ***»München 7«*** wurde im Polizeirevier PI 11 in der Hochbrückstraße gedreht.

194 // In München führt die ***Lebensmittelüberwachung*** im Jahr etwa 25.000 Kontrollen durch.

195 // Die legendäre Klofrau des P1 hieß ***»die dicke Sofie«***.

196 // 2011 zogen mit ***112.947 Menschen*** so viele Menschen nach München wie seit 20 Jahren nicht.

197 // Die ***Ladenmieten*** auf der Kaufingerstraße sind mit durchschnittlich 350 Euro pro Quadratmeter die höchsten aller Fußgängerzonen Deutschlands.

198 // Die Frauenkirche ist so hoch wie etwa ***17 Giraffen***.

199 // Bei den teuersten ***Wohnstraßen*** Deutschlands liegt München mit der Königinstraße auf Platz sieben.

200 // Der ***Münchner Hauptbahnhof*** ist mit 32 oberirdischen und zwei unterirdischen der Bahnhof mit den meisten Hauptgleisen in Deutschland.

201 // Der Linken-Stadtrat Orhan Akman forderte die MVG vergeblich auf, den Begriff »Schwarzfahrer« durch ***»Fahrer ohne gültigen Fahrschein«*** zu ersetzen.

202 // Verkaufte Auflage der Süddeutschen Zeitung in München im ersten Quartal 2012: ***105.291 Stück***. Verkaufte Auflage der Zeitung »Neues Deutschland« in München im selben Zeitraum: ***39***.

203 // AN DEN MÜNCHNER BRÜCKEN BEFINDEN SICH ORANGEFARBENE RETTUNGSRINGE TYP »STANDARD« DER FIRMA »SEEPILZ«.

204 // Das ***200-Seelen-Dorf Munich*** im amerikanischen North Dakota, das nach München benannt wurde, liegt am selben Breitengrad wie München.

205 // Das »Münchner Du« ist eine Anrede per Du in Verbindung mit »Frau« oder »Herr« und dem Familiennamen ***(»Frau Müller, kannst du bitte mal kommen?«).***

206 // Der spanische Nationalspieler Javi Martínez von Athletic Bilbao wurde vom FC Bayern für die ***höchste Ablösesumme*** der Bundesliga-Geschichte von 40 Millionen Euro gekauft.

207 // Das Bundesinstitut für Bau-, Stadt- und Raumforschung sagt in einer Studie voraus, dass Münchens ***Einwohnerzahl*** wachsen und im Jahr 2025 auf ***1.414.500*** ansteigen wird. Zum Zeitpunkt der Studienveröffentlichung (November 2012) lag die tatsächliche Einwohnerzahl bei ***1.431.624***.

208 // LAUT GLÜCKSATLAS 2012 SIND MÜNCHNER AM ZUFRIEDENSTEN MIT MÜNCHENS WIRTSCHAFTLICHER ATTRAKTIVITÄT UND DEN NAHERHOLUNGSANGEBOTEN. AM UNZUFRIEDENSTEN SIND SIE MIT ANGEBOTEN FÜR SENIOREN SOWIE EINEM MANGELNDEN ZUSAMMENGEHÖRIGKEITSGEFÜHL.

209 // Die ***Kaufingerstraße*** passieren pro Stunde 11.873 Menschen.

210 // Auf der ***A 8*** von Stuttgart nach München gab es im Jahr 2011 3.327 ***Staumeldungen*** von insgesamt 9.563 Kilometer Staulänge.

211 // 33 PROZENT DER DEUTSCHEN FINDEN ARCHITEKTONISCH MÜNCHEN AM SCHÖNSTEN.

---

212 // In München gibt es 50.000 ***leere Grabstätten***.

213 // Laut ***muenchen.de*** gibt es in München 296 italienische Restaurants und 200 bayerische.

214 // Die Postleitzahl 80538 hat die ***höchsten Mietpreise*** Deutschlands.

215 // DER GROSSTEIL DES NACHLASSES VON KARL VALENTIN IST IM BESITZ DER STADT KÖLN.

---

216 // In München gibt es 5,8-mal weniger Wohnungseinbrüche und achtmal weniger ***Mopeddiebstähle*** als in Köln, aber ungefähr genauso viele Rauschgiftdelikte.

217 // Die runden Vertiefungen an den Maß-Gläsern, die »Augen«, können als Maßstab bei Biermischungen genutzt werden: Bei einem Radler werden zum Beispiel ***»Zwei Augen Limonade«*** bestellt, der Rest wird mit Bier aufgefüllt.

218 // JEDES HAUS, DAS SEIT 1497 AUF DEM MARIENPLATZ 17 STAND, HATTE AUF SEINER FASSADE EIN BILD DES HEILIGEN ONUPHRIUS.

219 // Laut eines alten ***Volksglaubens*** soll kein Mensch, der das Bild des heiligen Onuphrius ansieht, am selben Tag eines jähen Todes sterben.

220 // In der Hermann-***Sack***-Straße gibt es den Coiffeur »***Mös***bauer«.

221 // ***Joseph Pschorr*** ist der einzige Bierbrauer, der in der ***Ruhmeshalle*** bei der Bavaria durch eine Büste gewürdigt wird.

222 // DER ÄLTESTE KIOSK MÜNCHENS STEHT AUF DEM SCHYRENPLATZ IN UNTERGIESING. ER ÖFFNETE 1848.

223 // In fast allen Zoos machen ***Schaukelseile*** in Elefantenhäusern als Absperrung eine Ankettung der Elefanten überflüssig. Sie sind eine Erfindung des Zoos Hellabrunn.

SANCT
ONUPHRIUS

1848
Nestlé
Schöller

224 // JEDEN TAG WERDEN ETWA 250.000 WEGWERFBECHER AUF MÜNCHENS STRASSEN »ENTSORGT«.

225 // Der ***Alpenverein München & Oberland*** hat eine Servicestelle direkt in einer »Globetrotter-Filiale« am Isartor.

226 // Die Chinesen sagen zu München ***Mùníhei***.

227 // Das ganze Jahr 2012 über befand sich laut Google Maps der ***Bahnhof Fulda*** in München auf der Sonnenstraße, Ecke Josephspitalstraße.

228 // ***Public Viewing*** wurde in München erfunden, weil es bei der Fußball-WM 2006 zu wenig Eintrittskarten für die Stadien gab.

229 // Am 17. Mai 1992 zog der komplette Flughafen aus Riem ***ohne Unterbrechung des Flugbetriebs*** innerhalb von 16 Stunden über Nacht zum neuen Flughafen nach Hallbergmoos um.

230 // Würde man von München aus ein ***Loch durch den Mittelpunkt der Erde*** bohren, käme man auf der anderen Seite im südwestlichen Pazifik heraus. Der nächste bewohnte Ort ist die neuseeländische Insel Pitt Island mit 50 Einwohnern.

231 // DIE BEIDEN AUGEN-SKULPTUREN VOR DEM EINGANG DES NORDBADS SIND ÜBERDIMENSIONALE VERGRÖSSERUNGEN DER AUGENPARTIE VON MICHELANGELOS »DAVID«.

232 // Vier Absolventen der Münchner Filmhochschule gewannen den ***Oscar***: Florian Henckel von Donnersmarck (2007), Caroline Link (2003), Florian Gallenberger (2001) und Katja von Garnier (1994, Studenten-Oscar).

233 // 1946 erhielt jeder Polizist eine Nummer, und Münchens Bürger wurden aufgerufen, ***besonders höfliche Polizisten*** zu melden. Der höflichste Beamte bekam einen Zusatzurlaub.

234 // Der bayerische Ausdruck ***»es pressiert«*** für »eilig haben« kommt vom französischen Verb »presser« = beschleunigen.

235 // Zum Honorarkonsulat der Republik Zypern gelangt man ***über den Aufzug*** im Gebäude des Kaufhauses Kaufring am Orleansplatz.

236 // Wenn das Hotel Daniel in der Sonnenstraße 5 in der Nacht die Neonröhren-Beleuchtung einschaltet, ergibt die Fassade eine optische Täuschung, basierend auf dem ***»Hermann-Gitter-Effekt«***.

237 // Selbst in Reiseführern (wie zum Beispiel dem »ADAC Bildreiseführer« von 2008) wird behauptet, dass der ***Nordturm der Frauenkirche*** 100 Meter und der Südturm 99 Meter hoch wäre. In Wirklichkeit ist der Nordturm 98,57 Meter und der Südturm 98,45 Meter hoch.

238 // Der Schriftsteller ***Lorenz Westenrieder*** wurde in der Westenriederstraße 16 (heute 21) geboren.

239 // Nach den ***Neugestaltungsplänen*** des Tierparks Hellabrunn ziehen in die Löwenanlagen die Rotgesichtsmakaken und Kurzkrallenottern ein.

240 // Die TV-Serie ***»Lindenstraße«*** spielt in München und wird in Köln gedreht. Die Serie »Marienhof« spielte in Köln, gedreht wurde sie in München.

241 // Der einzige Versuch von McDonald's, seine ehemalige ***Pizza-Marke »Donatos«*** in Deutschland zu etablieren, wurde in München unternommen (Regerstraße, Leopoldstraße, Stiglmaierplatz) und scheiterte.

242 // Die Werkstatt des Meister Eder aus der Serie ***»Meister Eder und sein Pumuckl«*** war im Hinterhof der Widenmayerstraße 2 an der Isar und ist inzwischen abgerissen.

243 // Im Brockhaus Conversations-Lexikon von 1885 steht: »Im Allgemeinen ist die Bevölkerung Münchens [...] ***ohne Anspruch auf besonderen Luxus und eleganten Comfort*** [...], für einen Unterschied der Stände wenig empfindlich, im Durchschnitt nicht reich, aber behaglich lebend.«

244 // Das Haus in der Wasserburgstraße 12 (heute Delpstraße 12), das Adolf Hitler Eva Braun kaufte, war eines der ersten in München mit ***Fernsehanschluss***.

245 // Mönchengladbach hieß bis 1960 ***München Gladbach***.

246 // Im Schichtl auf der Wiesn finden pro Jahr circa ***400 traditionelle »Hinrichtungen«*** statt, sodass der Schichtl seit seiner Oktoberfestpremiere 1872 etwa 48.000 Besucher »geköpft« hat.

247 // Im Jahr 2011 haben sich in München 32 Ehepaare scheiden lassen, die ***über 41 Jahre lang*** verheiratet waren.

248 // DER BRAND DES NATIONALTHEATERS 1823 SOLLTE WEGEN EINGEFRORENEN LÖSCHWASSERS MIT BIER AUS DEM HOFBRÄUHAUS GELÖSCHT WERDEN.

---

249 // Am ersten Oktoberfesttag 2012 konfiszierten Kontrolleure, die das ***Wiesn-Glasverbot*** exekutierten, zwischen 7 und 9 Uhr an den Wiesneingängen 5.000 mitgebrachte Flaschen.

250 // DER BEKANNTE MÜNCHNER JOURNALIST SIGI SOMMER (»BLASIUS – DER SPAZIERGÄNGER«) SCHRIEB: »DIE SENDLINGER STRASSE IST JA NUR EIN WURMFORTSATZ DES MARIENPLATZES UND AUCH GENAUSO UNWICHTIG.« SEINE BRONZEBÜSTE IN DER ROSENSTRASSE BLICKT GENAU AUF DIE SENDLINGER STRASSE.

---

251 // Karl Valentin antwortete auf die Frage, warum der Alte Peter acht Turmuhren hat: ***»Damit acht Leute gleichzeitig auf die Uhr schauen können.«***

252 // Die Maler Konstantinos Volanakis, Nikolaos Gyzis, Polychronis Lembesis, Nikolaos Vokos, Nikiphoros Lytras und Georgios Iakovidis sind ***Vertreter der Münchner Schule***.

HOFBRÄUHAUS

Sigi Sommer
Münchner Schriftsteller und Journalist
1914 – 1996

253 // Die Gruppe, die beim Deutschen Orchesterwettbewerb 2012 in Hildesheim in der Kategorie Blechbläserensemble den ersten Platz belegte, heißt ***»Münchner Blechreiz«***.

254 // ***Münchner Schlucken*** ist ein künstlicher Felskanal in Tschechien.

255 // Der Kader des 1. FC Bayern hat mit über 900 Millionen Euro in der Bundesliga einen ***höheren Marktwert*** als der Zweit- und Drittplatzierte zusammen.

256 // DIE STAMMSTRECKE 3 DER MÜNCHNER U-BAHN WIRD VON DEN LINIEN 4 UND 5 BEFAHREN UND HÄLT AN 22 BAHNHÖFEN.

257 // Der Name Bogenhausen leitet sich von ***»Haus des Poppo«*** ab.

258 // Am 15. Mai 2012 gründete sich im ***»Turmstüberl«*** des »Valentin-Karlstadt-Musäums« der Verein ***»Saubande«***.

259 // Im Jahr 2012 gab es auf der Wiesn 66 ***Maßkrugschlägereien***.

260 // Die Straße ***Altheimer Eck*** hatte im Laufe der Zeit auch folgende Namen: Elend, Saumarkt und Hirschbräugassl.

261 // In München existiert der Verein ***»Letzter Verein gegen Vereins- und Gruppenbildung«***.

262 // Die Kunststudentin ***Aneta Steck*** schmuggelte eine Gipsbüste ihres eigenen Kopfes in die ***Ruhmeshalle***, wo sie sieben Monate lang unentdeckt ausgestellt blieb.

263 // 100 GRAMM GEBRANNTE MANDELN HABEN MEHR KILOKALORIEN ALS EIN HALBES WIESN-HENDL.

264 // Die laufenden Füße und die Augen des ***Tatort-Kultvorspanns*** wurden am Flughafen München-Riem gedreht.

265 // Am 4. August 1971 fand in einer Filiale der Deutschen Bank in der Prinzregentenstraße der ***erste Banküberfall mit Geiselnahme*** in Deutschland statt.

266 // NACH 60 MINUTEN MUSS JEDER MUSIKER AUF DER KAUFINGERSTRASSE SEINEN PLATZ WECHSELN.

267 // ***1828*** und ***1927*** regnete es an jedem Wiesntag.

268 // Die ***Simpsons*** werden in München ***synchronisiert***, nur Anke Engelke spricht die Marge Simpson in einem Kölner Tonstudio ein.

269 // Würde man alle Einwohner Münchens Schulter an Schulter nebeneinanderstellen, ergäbe das eine Luftlinienstrecke von München nach Bremen.

270 // Der Mindestbetrag für die Tierpatenschaft für die 1984 geborene ***Schimpansendame Sofie*** im Tiergarten Hellabrunn beträgt 3.500 Euro.

271 // Das »Restaurant Weinhaus ***Neuner***« befindet sich in der Herzogspitalstraße ***8*** und ***10***.

272 // Beim ***World-Beer-Cup*** lautet eine der Kategorien: »Dortmunder/European-Style Export or German-Style Oktoberfest/Wiesen«. 2012 gewann das Bier »Svyturys Ekstra« aus Litauen.

273 // DAS »KARL VALENTIN MUSÄUM« HAT VON 11.01 UHR BIS 17.29 UHR GEÖFFNET, UND 99-JÄHRIGE IN BEGLEITUNG IHRER ELTERN HABEN FREIEN EINTRITT.

274 // In München gab es früher ein ***»Hascherbräu«***.

275 // Im Film »Harry Potter und die Heiligtümer des Todes – Teil 2« sehen die Hauptdarsteller im Raum der Wünsche eine Eberstatue. Sie ist der Statue »Porcellino« aus Florenz nachempfunden, welche wiederum die Vorlage für den ***Eber vor dem Jagd- und Fischereimuseum*** in der Neuhauser Straße in München war.

276 // Auf Christians Udes Homepage ist sein ***»O'zapft is« als Klingelton*** herunterzuladen.

Zur S-Bahn

277 // 1972 wurde der Film ***»Mädchen, die nach München kommen – Das geheime Sexleben der Olympiastadt«*** gedreht.

278 // Das Kürzel des U-Bahnhofs Stiglmaierplatz lautet ***SM***.

279 // Etwa 150.000 Bierkrüge ***verschwinden*** pro Wiesn.

280 // Einer These nach kommt das Wort München nicht von den Mönchen, sondern ist wesentlich älter und bedeutet ***»Ort auf der Uferterrasse«***.

281 // Auf den meisten Münchner Straßen geht man über ***hellgraue, quadratische Betonplatten*** mit einer Kantenlänge von 35 Zentimetern und einer Stärke von 6,5 oder 10 Zentimetern.

282 // ***54 Prozent der Geschäfte*** auf der Kaufingerstraße gehören zu großen Ketten.

283 // Die ***sieben wasserspuckenden Zipfelmützen*** am Ernst-Toller-Platz wurden von der Summe bezahlt, die eine Münchnerin der Stadt mit der Auflage vermacht hat, in Schwabing einen Märchenbrunnen zu bauen.

284 // Auf dem Gelände der Kultfabrik steht das Kartoffelmuseum. Es ist das einzige Museum der Welt, das die ***Kartoffel ausschließlich von kunsthistorischer Seite*** beleuchtet.

285 // Mitten durch die Theresienwiese auf die Bavaria zu fuhr von 1907 bis circa 1930 die ***Trambahnlinie 15***.

286 // In München gibt es ***10.962 Künstler***. Für die Kulturwirtschaft tätig sind 40.140 Beschäftigte.

287 // Die ***Kutte des Mönchs*** im Münchner Stadtwappen kann man auch als ***»M«*** lesen.

288 // AM OKTOBERFEST HABEN DIE HERREN DER SCHÖPFUNG INSGESAMT RUND 880 METER PINKELFLÄCHE IN FORM VON URINALEN ZUR VERFÜGUNG.

289 // Im Altheimereck 15 entwickelte Theobald Böhm die ***»Böhmflöte«***. Nach seinem ***Griffsystem*** funktionieren im Großen und Ganzen bis heute alle Querflöten und auch Klarinetten und Saxophone.

290 // Die ***Fußgängerzone*** vom Karlsplatz zum Marienplatz ist ungefähr 900 Meter lang.

291 // DER TOBOGGAN-TURM AUF DER WIESN HAT SEINEN NAMEN VON EINEM SCHLITTEN DER MICMAC-INDIANER NORDAMERIKAS.

292 // Laut Münchner Sperrbezirksverordnung ist die Anbahnung ***von entgeltlichen sexuellen Dienstleistungen*** in der ***Stich***straße, der Lauten***sack***straße und der ***Loch***hauser Straße erlaubt.

293 // Im Wirtshaus in der Au wird ein ***»Bayrisches Knödeldiplom«*** verliehen.

294 // ZDF-Moderatorin ***Carolin Reiber*** war mit 18 Jahren Münchner ***Faschingsprinzessin*** des Jahres 1958.

295 // Einer der berühmten Münchner ***Moriskentänzer*** im Münchner Stadtmuseum heißt ***»Gezaddelter«***.

296 // Der ***Marienplatz*** hieß hunderte Jahre lang nur »Markt« oder »Platz«.

297 // Die in München erschienene Erstausgabe des Buches ***»Max und Moritz«*** von 1865 wurde im Jahr 1998 für umgerechnet 125.000 Euro versteigert.

298 // Für das Maskottchen der Olympischen Spiele 1972 in München, ***den Dackel »Waldi«***, stand die Hündin »Cherie von Birkenhof« Modell.

299 // Im Jahr 2011 haben ***24.900 Menschen ein Gewerbe*** angemeldet, und 495 Unternehmen gingen in die Insolvenz.

300 // FÜR EINE MÖGLICHST REALISTISCHE DARSTELLUNG DES DIGITALEN DENKMALS VON GRAF VON MONTGELAS AUF DEM PROMENADENPLATZ WURDE EIN NACHKOMME VON MONTGELAS IN EINEM HISTORISCHEN KOSTÜM EINDIGITALISIERT.

301 // Im Jahr 2011 lieferte die Großmarkthalle München ***12,5 Tonnen Bananen*** an den Tierpark Hellabrunn. Das ist die Ladung von ***zwei Bananendampfern***.

302 // Im Tiergarten Hellabrunn leben ***19.183 Tiere*** von 757 Arten.

303 // 2012 tätigten ***chinesische Touristen*** in München 14,5 Prozent ihrer deutschen Tax-Free-Einkäufe.

304 // Das Hotel Torbräu im Tal nennt sich selbst ***»Der Torbräu«***.

305 // An der Installation mit sieben Stühlen im Petuelpark von Rodney Graham ertönt immer um 16.15 Uhr der Song ***»I'm On An Island«*** von »The Kinks« in der Fassung der Band des Künstlers »The Rodney Graham Band«.

306 // In den Museum Lichtspielen läuft ***seit 1981 der Film »Tod in Venedig«.***

307 // Im Gegensatz zur ***Novelle von Thomas Mann***, die im Englischen Garten beginnt, kommt die Vorgeschichte im Film »Tod in Venedig« nicht vor.

SCHER HOF

308 // IM CAFÉ RISCHART AM MARIENPLATZ MUSS MAN, UM AUFS KLO GEHEN ZU KÖNNEN, EIN DREHKREUZ PASSIEREN, IN DAS MAN EINEN KUNDENJETON ODER 50 CENT WIRFT.

309 // Der ***König von Siam*** zog in das Hotel Vier Jahreszeiten Kempinski mit 1.320 Koffern ein.

310 // Am Ostfriedhof liegen die ***Schauspieler Wastl Witt und Joe Stöckel*** begraben, die beide im ersten Nazi-Propaganda-Spielfilm »SA-Mann Brand« mitspielten.

311 // Die besten Plätze in der ***Bayerischen Staatsoper*** befinden sich auf dem Balkon in der ersten Reihe auf den Sitzen 1 und 3.

312 // NEUN DER INSGESAMT 185 MÜNCHNER BRUNNEN FLIESSEN AUCH IM WINTER UND WERDEN NICHT ABGEDECKT.

---

313 // Der Name Nockherberg kommt von der ***Bankiersfamilie Nockher***, der im 18. Jahrhundert dort ein Sommerhaus, das »Nockherschlösschen«, gehörte.

314 // ***Lenin*** gab sich in München den Decknamen ***»Herr Meyer«***, Johann Wolfgang von ***Goethe*** nannte sich bei seinem einzigen Münchenaufenthalt ***»Jean Philipp Möller«***.

315 // Der Stadt München ist das ***Sternzeichen Skorpion*** zugeordnet.

316 // Die ***Weihnachtskrippe*** in der St.-Maximilian-Kirche im Glockenbachviertel ist die größte der Welt, die in einem Gotteshaus steht.

317 // Auf dem ***Kennedy-Brünnerl*** vor der St.-Maria-Kirche in Ramersdorf sieht man nicht John F. Kennedy, sondern ***Ildephons Kennedy***, der im 18. Jahrhundert Sekretär der Bayerischen Akademie für Wissenschaften war.

318 // »Deutsche Eiche«-Chef Dietmar Holzapfel kann von seiner Whirlpool-Badewanne im ***Luxushaus »The Seven«*** über die Altstadt mit der Frauenkirche blicken.

319 // 2011 zogen ***6.568 Baden-Württemberger*** und 237 Bremer nach München.

320 // IM PFLASTER DER KAUFINGERSTRASSE 28 ERKENNT MAN EIN FARBLICH ABGEHOBENES 7 X 7 METER GROSSES QUADRAT, DAS DIE STELLE KENNZEICHNET, AUF DER EINST DAS HAUS »SCHÖNER TURM« DES NAMENSGEBERS DER STRASSE, CHUNRADIUS CHOUFRINGER, STAND.

321 // 48,8 Prozent der deutschen Singlefrauen sind der Ansicht, dass in München die ***attraktivsten Singlemänner*** leben.

322 // Am Nordfriedhof in München wurde auf der Begräbnisstätte von Hitlers Lieblingsarchitekten, ***Paul Ludwig Troost***, der Name nach dem Krieg kurzfristig entfernt.

323 // DAS »WURMECK« VERDANKT SEINEN NAMEN NICHT DER LINDWURM-SKULPTUR AUF DEM NEUEN RATHAUS, SONDERN HIESS BEREITS 1431 SO.

324 // Das ***»J. W.«*** im Firmenlogo der Augustiner-Brauerei steht für Josef Wagner, den Sohn der Familie Wagner, die die Brauerei 1829 erwarb.

325 // Mit 1.820.796 Besuchern im Jahr 2011 ist der Tierpark Hellabrunn die ***meistbesuchte bayerische Freizeiteinrichtung.***

326 // Laut einer Erhebung des Hamburgischen WeltWirtschafts-Instituts kommt München auf Platz drei der ***Kulturmetropolen Deutschlands*** nach Berlin und Stuttgart.

327 // DAS MODELL »HOCHWIESEN-HAUS« VON FRIEDENSREICH HUNDERTWASSER WURDE FÜR DIE »INTERNATIONALE GARTENAUSSTELLUNG 1983« IM SELBEN JAHR GEBAUT, IN DEM DIE GRUNDSTEINLEGUNG DES REALEN HUNDERTWASSERHAUSES IN WIEN STATTFAND.

328 // Auf Münchens Straßen sind keine Darbietungen mit ***Feuer, Messern oder Tieren*** erlaubt.

329 // Auf dem Oktoberfest sind pro Jahr etwa ***8.000 fest angestellte*** und 4.000 wechselnde Arbeitskräfte beschäftigt.

330 // Bei einigen U-Bahn-Wagen ist neben dem Münchner Kindl das ***Garchinger Wappen*** zu sehen. Die Wagen wurden von der Stadt Garching zur Eröffnung des U-Bahnhofs Garching 1995 mitfinanziert.

331 // WEIL VOR DER WIESNERÖFFNUNG 2005 50 FLÖHE DES FLOHZIRKUS STARBEN, »SPENDETE« EINE HUNDEBESITZERIN 100 FLÖHE IHRER FÜNF PINSCHERWELPEN.

332 // Am Münchner Hauptbahnhof kommen 22 Prozent der Fernzüge und elf Prozent der Regionalzüge mit ***Verspätung*** an.

333 // Briefe, die auf dem Oktoberfest aufgegeben werden, bekommen einen begehrten ***Sonderstempel der Post.***

334 // Bioabfälle werden vom AWM zu ***»Münchner Regionalerden in Premiumqualität«*** für Zimmer, Balkon und Garten verarbeitet.

335 // Das Fahrgeschäft ***»Krinoline«*** (Ringelspiel) hat seinen Namen von einem großen Reifrock, den zum Beispiel Kaiserin Sisi auf dem berühmten Gemälde mit den Edelweiß-Diamanten im Haar trägt.

336 // Das Glockenspiel am Neuen Rathaus wurde vom ***Erfinder des Viertaktmotors***, Christian Reithmann, entworfen.

337 // Das ***wärmste Wiesnanstich-Wetter*** zwischen 2000 und 2010 gab es am 20. September 2003 mit 26,4 Grad Celsius.

338 // Der ***»SuperMUC«*** (MUC = Flughafencode für München) im Rechenzentrum Garching ist der schnellste Rechner Europas und der viertschnellste der Welt. Seine Rechenleistung beträgt ***vier Petaflops***.

339 // Der ***500-millionste Passagier*** des Münchner Flughafens war die 43-jährige Cathleen Holsman aus München, die am 24. Juli 2012 aus einem Airbus A320 der Lufthansa aus Moskau stieg.

340 // Der FC Bayern München hat auch eine ***Schachabteilung*** und eine Abteilung Sportkegeln.

341 // Der Münchner ***Bayerische Hof*** ist mit einem Nettoumsatz von über 55 Millionen Euro das ***Top-1-Hotel*** in Deutschland.

342 // Der US-Autor Thomas Wolfe sagte über München: »München ist auf erstaunliche Art und Weise ein großer deutscher, ***ins Leben übersetzter Traum.***«

343 // Der Wiesndauerbrenner ***»Ein Prosit der Gemütlichkeit«*** wurde von einem Chemnitzer geschrieben.

344 // Die ***Bavaria*** besteht aus 92 Prozent Kupfer, fünf Prozent Zink, zwei Prozent Zinn und einem Prozent Blei.

345 // Die ***blaue Farbe*** der Münchner Bus- und Tramhaltestellen hat die Bezeichnung ***RAL 2007***.

346 // Die Entfernung von ***Aufklebern in Bussen*** und Bahnen kostet 100.000 Euro pro Jahr.

347 // Die ersten beiden Städte, deren Bus- und Straßenbahnverbindungen bei Google Maps abrufbar waren, sind ***Münster und München***.

348 // DIE GEPÄCKFÖRDERANLAGE IN TERMINAL 1 DES MÜNCHNER FLUGHAFENS HAT EINE KAPAZITÄT VON 19.200 GEPÄCKSTÜCKEN IN DER STUNDE.

349 // Die häufigste ***Ursache für Krankmeldungen*** in München sind Erkrankungen des Muskel-Skelett-Systems.

350 // Die höchste Ablösesumme für einen FC-Bayern-Spieler zahlte Manchester United 2007/08 mit 25 Millionen Euro für ***Owen Hargreaves***.

351 // Die Homepage der Oktoberfestattraktion Schichtl lautet www.schichtl.by. »by« ist die ***Internet-Endung*** von Weißrussland (Belarus).

352 // Die meisten Ausländer, die in München leben, sind ***40.582 Türken***.

353 // Die ***letzte öffentliche Hinrichtung*** in München fand am 9. November 1861 auf dem Marsfeld am Dienstknecht Franz Klaushammer wegen Mordes an einem Bauern statt.

354 // Die leuchtende Allianz Arena ist in klaren Nächten von ***österreichischen Berggipfeln*** aus gut sichtbar.

355 // Die Münchnerin Elisabeth Winterhalter war die ***erste deutsche Chirurgin***.

356 // DIE INSTANDHALTUNG DES ENGLISCHEN GARTENS KOSTET JÄHRLICH CIRCA 2,7 MILLIONEN EURO.

357 // Die Münchner ***Postbriefkästen mit Metallfüßen*** sind genau in einer Höhe von 1,50 Meter montiert.

358 // 1820 gab es auf der Wiesn den Wettbewerb ***»Sacklaufen«***.

359 // DER NIEDERLÄNDISCHE GEIGENSPIELER ANDRÉ RIEU HAT IM »MUNICH OLYMPIC WALK OF STARS« NEBEN SEINEN HANDABDRÜCKEN UND SEINER UNTERSCHRIFT DIE ERSTEN DREI NOTEN DES DONAUWALZERS VON JOHANN STRAUSS (D-FIS-A) IM BETON VEREWIGT.

360 // Die »Spider Murphy Gang« war die erste westdeutsche Band, die in der ***DDR auf Tournee*** ging.

361 // Die meisten Tore, die der ***1. FC Bayern*** bei einem Bundesligaspiel gegen den ***TSV 1860*** erzielte, waren sechs.

362 // Die ***Ziegen***, die das Leder für neue Lederhosen für die Wiesn liefern, haben in Indien oder Pakistan gegrast.

363 // DIREKT NEBEN DEM 60ER-STADION IN UNTERGIESING IST EINE VERKEHRSTAFEL ANGEBRACHT, DIE DEN WEG ZUR ALLIANZ ARENA WEIST.

364 // Ein ***Hofnarr*** am bayerischen Hof in der Münchner Residenz hieß Mertl ***Witz***.

365 // Ein Gast des Oktoberfestes verbraucht beim Verzehr von einem Liter Bier, einem halben Hendl und einer Brezn inklusive Anfahrt mit der Bahn circa ***12,5 Kilogramm Kohlendioxid***.

366 // Eine ***Wiesnmaß*** hat ungefähr so viel Alkohol wie acht Schnäpse.

367 // Eine Stufe einer Rolltreppe im Münchner U-Bahn-Netz fährt in ihrem Leben mit 350.000 Kilometern ***fast bis zum Mond***.

368 // Eines der meistgespielten deutschen Theaterstücke, ***Patrick Süskinds »Der Kontrabass«***, wurde 1981 im Münchner Cuvilliés-Theater uraufgeführt.

Allianz Arena

WINDMESSER

369 // Es gab eine schweizerische und eine kölnische Version des Pumuckl. In der Kölner Version wurde er in ***»Fizzibitz«*** umbenannt.

370 // Für einen ***Geldautomaten*** auf der Wiesn müssen vom Betreiber zwischen 1.060 und 2.260 Euro ***Standgeld*** bezahlt werden.

371 // ***Gerd Müller*** ist mit 365 Toren in 427 Bundesligaspielen für den FC Bayern München bis heute der erfolgreichste Stürmer der deutschen Fußballgeschichte.

372 // IM TURM DES MÜLLER'SCHEN VOLKSBADS WOHNT DER HAUS-TECHNIKER.

---

373 // Helmut Fischer, der Darsteller des Monaco Franze, ist nach eigenen Worten »***über dem Pissoir*** der Wirtschaft ›Zum Bauerngirgl‹ in der Donnersbergerstraße 50a ***aufgewachsen***«.

374 // Im Alten Rathaus am Marienplatz wurden im 18. Jahrhundert die ***Lottozahlen*** gezogen.

375 // Im Jahr 2011 standen in München Büros mit einer Gesamtfläche von ***610.000 Quadratmetern*** leer.

376 // Im Jahr 2011 wurden in den Münchner Stadtbibliotheken insgesamt ***13.426.197 Medien*** entliehen.

377 // Im Münchner Stadtgebiet gibt es ***145 Grüne-Welle-Schaltungen***, bei denen mindestens drei Ampeln in einem Zug passiert werden können.

378 // Für das Oktoberfest werden ***43 Kilometer Kabel auf der Theresienwiese*** verlegt.

379 // IM MÜNCHNER U-BAHN-NETZ GIBT ES MIT 771 ROLLTREPPEN FAST SO VIELE WIE IN BERLIN, KÖLN UND HAMBURG ZUSAMMEN.

---

380 // In der ***Sonnen***straße 6 befindet sich die Merkur-Spielothek, deren Firmenlogo eine lachende ***Sonne*** ist.

381 // In München arbeiten rund ***200 Verkehrsüberwacher***, die pro Tag 12–13 Kilometer zu Fuß zurücklegen.

382 // In München gibt es insgesamt ***58.369 Betten*** für Touristen.

383 // Ein ***Hotelzimmer*** kostet in München durchschnittlich 86,5 Euro pro Nacht im April und 149,2 Euro im September (Wiesnzeit).

384 // In München überwachen 46 KVR-Kontrolleure der ***Lebensmittelüberwachung*** circa 18.000 Betriebe.

385 // RINDERMARKT UND KAUFINGERSTRASSE SIND DIE ÄLTESTEN STRASSENNAMEN MÜNCHENS.

Rosenstraße
TEMPUS

386 // ***Jennifer Lopez und Puff Daddy*** prellten im P1 ihre Zeche von 5.000 Euro und überwiesen das Geld Wochen später.

387 // OBWOHL DER MÜNCHNER ZOO DER ZWEITARTENREICHSTE NACH BERLIN IST, SIND DIE EINTRITTSPREISE DIE GÜNSTIGSTEN UNTER DEN SIEBEN ARTENREICHSTEN ZOOS DEUTSCHLANDS.

388 // ***Justus von Liebig*** erfand während seiner Zeit als Professor an der Uni München den Suppenwürfel, das Backpulver und die Babynahrung.

389 // Mit bis zu ***sechs Euro pro Stunde*** werden in Münchens Parkhäusern die höchsten Gebühren in ganz Deutschland erhoben.

390 // München hat ***164 Tram-Haltestellen***.

391 // UM 1860 TRANK EIN MÜNCHNER IM DURCHSCHNITT 535 MASS BIER IM JAHR. HEUTE IST ES WENIGER ALS DIE HÄLFTE.

392 // München und Hamburg sind die einzigen zwei Städte in Deutschland, die auf U-Bahnhöfen ***Bahnsteigkarten*** verkaufen.

393 // FRÜHER GELANGTE MAN IN VIELEN MÜNCHNER HÄUSERN ÜBER DIE »HIMMELSLEITER«, EINE GERADE TREPPE, DIE ALLE STOCKWERKE MITEINANDER VERBAND, IN DIE WOHNUNGEN.

---

394 // Wer beim ***Schunkeln*** beim Oktoberfest von der Bank fällt und dabei jemanden verletzt, muss ***Schmerzensgeld*** zahlen.

395 // Pro Tag starten und landen in München rund ***1.100 Flugzeuge***.

396 // In München kommt auf 957 Einwohner ***ein Zahnarzt***.

397 // Seit 2012 darf die ***Blasmusik*** auf der Wiesn wieder mit ***90 Dezibel*** spielen.

398 // München und Hamburg sind die einzigen zwei Städte in Deutschland, die auf U-Bahnhöfen ***Bahnsteigkarten*** verkaufen.

399 // Der Münchner »Verein zur Rettung der letzten Personenumlaufaufzüge« verhinderte die geplante Stilllegung aller ***Paternoster-Aufzüge*** in Deutschland.

400 // DER MÖNCH IM STADTWAPPEN
HAT NACH OFFIZIELLER DEUTUNG DIE RECHTE HAND ZUM SCHWUR ERHOBEN UND IN DER LINKEN DAS EIDBUCH DER STADT. IN WIRKLICHKEIT SOLLEN DIE ERHOBENE RECHTE HAND EINE SEGENSGESTE UND DAS BUCH IN DER LINKEN EIN EVANGELIENBUCH DARSTELLEN.

401 // IN DER HEILIG-GEIST-KIRCHE BEIM VIKTUALIENMARKT IST IM DECKENGEMÄLDE EINE BREZN ABGEBILDET.

402 // ***Jimi Hendrix*** erfand sein Gitarre-Zerschlagen auf der Bühne eher zufällig am 9. November 1966 im ehemaligen Szeneclub »Big Apple« in Schwabing.

403 // Um Verwechslungen zu vermeiden, hat der ***Löwe im Logo*** des TSV 1860 zwei Schwanzspitzen, die in dieselbe Richtung schauen, während sie sich beim Löwenbräu-Löwen gegenseitig ansehen.

404 // Zwischen 2007 und 2010 haben sich 760 Menschen in München das Leben genommen; das ist etwa jeden zweiten Tag einer und liegt ***deutlich über dem Bundesdurchschnitt***.

405 // EINE ROUTE DES MÜNCHNER RADLRINGS IST DIE »WWW«, »DIE WELLNESS-UND-WEISSBIER-WOHLFÜHLROUTE«.

406 // In München beginnen ***109 Straßennamen mit »Am ...«*** (von »Am Ährenfeld« bis »Am Zillerhof«).

407 // Die ***Schwanthalerhöhe*** ist nach dem Schöpfer der Bavaria-Statue Ludwig von Schwanthaler benannt.

408 // Die erste deutsche McDonald's-Filiale eröffnete am ***4. Dezember 1971*** in der Martin-Luther-Straße in Obergiesing.

409 // Die neuesten durchgängigen Züge der Münchner ***U-Bahn Typ C*** entwarf der Designer Alexander Neumeister, der auch die ICE-3-Züge der Deutschen Bahn plante.

410 // Auf dem ehemaligen Gelände der Türkenkaserne an der Gabelsbergerstraße plante Hitler die ***Errichtung seines Mausoleums***.

411 // In den 53 Pflegeheimen der Stadt liegt die ***Männerquote*** bei nur 21 Prozent.

412 // Die ***Blattschneideameise Resi*** ist mit fünf Millimeter Länge das kleinste Tier im Tierpark Hellabrunn.

413 // Das ***Kürzel des Münchner Flughafens***, das die Flugsicherung verwendet, lautet EDDM (E = Europa; D = Deutschland; D = internationaler Verkehrsflughafen; M = München).

414 // DAS RIESENRAD AM OKTOBERFEST WAR DAS ERSTE MIT »ZACKEN«, DEN AUSSEN AUFGEHÄNGTEN GONDELN.

415 // Im ***Münchner Tatort*** ermittelten bislang insgesamt sieben Kommissare.

416 // 2011 wurden in München 7.968 Schlüssel verloren, aber nur 1.035 im ***Fundbüro*** wieder abgeholt.

417 // IN U-BAHNHÖFEN UND -ZÜGEN GIBT ES ÜBER 2.000 NOTRUFSPRECH-STELLEN.

418 // Die Münchner Weißwurst ist eine weniger scharf gewürzte Variante der älteren ***Maibockwurst***.

419 // In der verkauften Villa von ***Christine Neubauer*** war in den Fliesen im Bad ihr ***eigenes Porträt*** eingearbeitet.

420 // ***Til Schweiger***, der Träger des Karl-Valentin-Ordens 2013 der Münchner Faschingsgesellschaft Narrhalla, heißt mit zweitem Vornamen ***Valentin***.

421 // DIE KAUFINGERSTRASSE, DIE FRÜHER »KAUFRINGERSTRASSE« HIESS, VERLOR 1379 IHR »R«.

422 // Der Wiesnhit 2012 ***»Tage wie diese«*** von der Düsseldorfer Band »Die Toten Hosen« wurde von der Liveband des Schottenhamel-Zelts in ***»Tage auf der Wiesn«*** umgetextet.

423 // Im ***Deutschen Patent- und Markenamt*** in der Zweibrückenstraße bringt ein Paternoster die Besucher mit einer Geschwindigkeit von 0,3 Metern pro Sekunde bis in den zehnten Stock.

424 // ALLE ENTFERNUNGSANGABEN ZU MÜNCHEN AUF BAYERNS AUTOBAHNEN BEZIEHEN SICH AUF DIE MARIENSÄULE.

425 // Im ersten Halbjahr 2012 sind wegen des Betrugs an Senioren mit dem sogenannten ***»Enkel-Trick«*** in München mehr Anzeigen eingegangen (103) als im ganzen Jahr 2011 (59).

426 // Auf jeden kassenärztlich zugelassenen Arzt kommen im Münchner Stadtgebiet ***7,8 Apotheken***.

427 // In München zahlt man ***59 Prozent mehr*** für eine Wohnung als im Bundesdurchschnitt.

428 // Das erste Münchner ***Kaufhaus***, das eine Rolltreppe hatte, war 1931 das ***Kaufhaus Uhlfelder*** im Rosental.

429 // In München ist durchschnittlich ***ein Arzt für 385 Einwohner*** zuständig.

430 // Der kälteste Tag in München war der 21. Januar 1942 mit ***–30,5 Grad Celsius***.

431 // Den ***U-Bahnhof Sendlinger Tor*** frequentieren pro Tag etwa 145.000 Fahrgäste, die Hälfte davon steigt hier nur um.

432 // 70.000 Bäcker und Konditoren besuchten die ***»Internationale Bäckereiausstellung 2012«*** in München.

433 // Auf der Wiesn wird laut dem ***Verein gegen betrügerisches Einschenken*** bis zu 0,2 Liter weniger als ein Liter eingeschenkt.

434 // 2012 bekam die Münchner Feuerwehr ***126 neue Fitnessgeräte*** für 500.000 Euro.

435 // DIE WOHNANLAGE »BORSTEI« IN MOOSACH BEKAM 1928 DAS ERSTE ZENTRALE HEIZKRAFTWERK DEUTSCHLANDS.

436 // In München gibt es insgesamt ***16.652 Handwerksbetriebe***.

437 // Münchner Hundehalter verbrauchen pro Jahr 5,5 Millionen Hundekottüten, die sie aus ***420 Hundekottütenautomaten*** ziehen.

438 // Beim Champions-League-Finale 2012 FC Bayern – FC Chelsea in der Allianz Arena kostete eine ***Karte für Logenbesitzer 4.343,50 Euro***.

439 // Die ***längste Rolltreppe*** im Münchner U-Bahn-Netz fährt am U-Bahnhof Karlsplatz. Sie hat 247 Stufen, ist knapp 57 Meter lang und führt zum Lenbachplatz.

440 // Der ***tiefste Punkt Münchens*** liegt an der Regattaanlage Feldmoching-Oberschleißheim.

441 // In München gibt es durchschnittlich ***1.707 Sonnenstunden*** im Jahr.

442 // RUND 40.000 TAUBEN BEVÖLKERN MÜNCHEN.

443 // IN MÜNCHENS GRÖSSTEM POLIZEIREVIER PI 11 SIND 192 BEAMTE ZUSTÄNDIG FÜR 15.000 EINWOHNER UND BIS ZU 485.000 TOURISTEN, EINKAUFSBUMMLER, ANGESTELLTE UND BESUCHER DER ALTSTADT.

444 // Auf dem Wiesn Camp in Riem konnte man 2012 erstmals auch ***»Wiesn Loft«*** genannte Wohncontainer mit Doppelbett, Terrasse und Klimaanlage für rund 130 Euro mieten.

445 // Die ***Münchner Grünen*** haben 1.200 Mitglieder.

446 // Bei jeder Münchner ***Shoppingnacht*** kaufen bis zu 200.000 Menschen ein.

447 // DAS HAUS ECKE TAL/RADLSTEG HAT ZUR TAL-SEITE ZWÖLF FENSTER, VON DENEN SECHS ZUGEMAUERTE PSEUDOFENSTER SIND.

448 // Jeder dritte Notruf bei der Münchner Feuerwehr ist ein ***Fehlalarm***.

449 // Etwa ***2.500 Weltkriegsbomben*** liegen noch im Münchner Boden.

450 // Im Münchner öffentlichen Verkehrsnetz fahren pro Jahr ***13 Millionen Fahrgäste schwarz***.

451 // Der Enkel des umstrittenen Landesbischofs Hans Meiser klagte vergeblich gegen die Umbenennung der Meiserstraße in ***Katharina-von-Bora-Straße***.

452 // 8.686 MÜNCHNER HABEN EINEN SCHREBERGARTEN.

453 // 100 Gramm ***Obazda*** haben 347 Kilokalorien.

454 // 270 der 730 Münchner ***Briefträger*** fahren auf ***E-Bikes*** durch die Stadt.

455 // Den Europäischen Erfinderpreis 2012 erhielt der Münchner Manfred Stefener für die ***erste tragbare Brennstoffzelle***.

456 // Bei den Münchner Buben war 2012 der beliebteste Vorname ***Maximilian***.

457 // 1927 wurde zum ersten Mal als nicht alkoholisches Getränk ***Milch auf der Wiesn*** ausgeschenkt.

458 // Der ***Chef*** über alle Münchner ***Märkte*** heißt ***Markwardt***.

459 // Der »***Münchner*** Merkur« erscheint im »***Münchener*** Zeitungs-Verlag«.

460 // ***62 Millionen Deutsche*** kennen den 1. FC Bayern.

461 // 2,6 Millionen Deutsche ***kennen*** den 1. FC Bayern ***nicht***.

462 // 124 Ein- und Zweifamilienhäuser mit einem Wert ***von mindestens 750.000 Euro*** wurden in München im ersten Halbjahr 2012 verkauft.

463 // 2012 hatte der 1. FC Bayern ***3.202 offizielle Fanclubs*** mit insgesamt 231.197 Mitgliedern.

464 // 2009 lag der ***weibliche Fananteil*** des FC Bayern bei 26,2 Prozent.

465 // 2012 landete München auf den Plätzen 3 (Kaufingerstraße), 10 (Neuhauser Straße), 20 (Sendlinger Straße) und 21 (Tal) der ***25 beliebtesten Einkaufsstraßen*** Deutschlands.

466 // Pro Jahr werden etwa ***1.000 Tonnen Schmutz*** aus den Trambahnschienen geholt.

467 // 16,6 Prozent aller ***Geschäftsreisenden*** in Deutschland reisten 2011 nach München.

468 // Die Münchner Verkehrsunternehmen haben durch ***Schwarzfahrer*** einen Verlust von über zehn Millionen Euro pro Jahr.

469 // Das ***Olympiastadion*** kostete 137 Millionen Mark.

470 // Von Nord bis Süd würde man München bei konstanter Geschwindigkeit (von fünf Stundenkilometern) in etwa ***vier Stunden durchwandern***.

471 // Im Münchner Telefonbuch gibt es sechsmal den Nachnamen ***»Münnich«***.

472 // Bei der ***Stadt München*** und ihren Betrieben arbeiten 32.000 Mitarbeiter.

473 // Den ***Geburtsort des »Monaco Franze«*** hat Regisseur Helmut Dietl im Westend in der Kazmairstraße, Ecke Ligsalzstraße angenommen.

474 // Ein Münchner hat ***2.177 Euro Kaufkraft*** im Jahr.

475 // IN ALLEN U-BAHNEN DER MVG-FLOTTE HABEN INSGESAMT 90.946 FAHRGÄSTE PLATZ, IN ALLEN TRAMBAHNEN 19.390.

476 // Professor Doktor Wolfgang Eisenmenger untersuchte als Rechtsmediziner sowohl den Mord an Volksschauspieler ***Walter Sedlmayr*** als auch an Schickeria-Schneider ***Rudolph Moshammer***.

477 // Das ***U.S.S. Munich*** ist ein Raumschiff des 24. Jahrhunderts im ***Star-Trek-Fan-Fortsetzungsroman*** »Trial by Fire« von Alex Thompson.

478 // Das ***Tambosi*** am Odeonsplatz ist das älteste durchgehend betriebene ***Kaffeehaus*** in München. Es wurde 1775 eröffnet.

479 // In München gibt es eine ***Altstadt-Fußgängerbereiche-Satzung***.

480 // Der erste ***Bio-Supermarkt*** der Kette basic wurde bereits 1998 in München-Schwabing eröffnet.

481 // Die Firma ***»Odenwälder Marzipan«*** aus Unterfranken verkauft in München ein Brettl mit zwei Weißwürschten, einer Brezn, Senf und Radi aus Marzipan und nennt es ***»Vesperbrettchen«***.

482 // Es gibt Pralinen, die ***»Münchner Häuberl«*** heißen und aussehen wie die Hauben auf der Frauenkirche.

483 // Die ***Zwiebelhaube des Südturms*** der Frauenkirche heißt im Volksmund ***»Stasi«***.

484 // DER ERSTE FERNSEHAUFTRITT DES PUMUCKL WAR AM 12. FEBRUAR 1973 IN DER ARD-KINDERSENDUNG »PLUMPAQUATSCH« ALS LEGE-TRICKFIGUR.

485 // Die Schwarzwälder Likörspezialität ***»Kirsch mit Ei«*** (Eierlikör mit Kirschwasser) der Brennerei Weisenbach wird in München unter dem Namen ***»Münchner Rührei«*** verkauft.

486 // Einer der ersten ***Adventskalender***, wie wir ihn heute kennen, wurde ***1903*** vom Münchner Verleger Gerhard Lang herausgebracht.

487 // 2008 wurde die ***Weihnachtsbeleuchtung*** der städtischen Christbäume (außer dem Baum am Marienplatz) erstmals mit ***LED-Lichterketten*** statt mit Glühlampen-Kerzen bestückt.

488 // Im Petuelpark stehen ***zwei Paar Metallstiefel***, aus denen in unregelmäßigen Abständen eine sieben Meter hohe Fontäne schießt.

489 // 1987 fand in der Olympia-Schwimmhalle der einzige ***Schwimm-Länderkampf*** zwischen der ***Bundesrepublik*** und der ***DDR*** statt.

490 // Münchens ***kleinster Friedhof*** in Neuhausen hat 175 Grabstätten.

491 // DER OLYMPIA LOOPING AUF DER WIESN IST DIE GRÖSSTE MOBILE ACHTERBAHN DER WELT UND DIE ERSTE MIT FÜNF LOOPINGS.

492 // Der ***kälteste Wiesntag*** war am 29. September 1936 mit ***–2,5 Grad***.

493 // Auf dem Oktoberfest wurde 1930 eine ***Exotenschau*** gezeigt, die »Die Lippennegerinnen« hieß.

494 // 2005 schlug ein Wiesnwirt einen ***Oktoberfest-Bierkrug aus Plastik*** vor.

495 // Zum ***Oktoberfest 2012 in Oetjendorf*** in Schleswig-Holstein kamen genauso viele Besucher, wie am original Münchner Oktoberfest im Zelt »Zur Schönheitskönigin« Platz haben: 1.800.

496 // DIE BIERE AM OKTOBERFEST LAGERN IN STAHLCONTAINERN, DIE MIT HOLZFASS-ATTRAPPEN UMMANTELT SIND. DAS EINZIGE BIER, DAS TATSÄCHLICH NOCH AUS HOLZFÄSSERN KOMMT, IST DER WIESN-EDEL VON AUGUSTINER-BRÄU.

497 // DER SCHAUSTELLER CARL GABRIEL, DER DAS TEUFELSRAD, DIE HEXENSCHAUKEL, DIE STEILWAND, DAS HIPPODROM UND DIE ERSTE ACHTERBAHN AUF DAS OKTOBERFEST BRACHTE, GRÜNDETE AUCH DAS ERSTE MÜNCHNER KINO, DAS »GABRIEL«.

498 // Zur Wiesn 2012 konnte man ein »Wiesnzelt« für 120 Euro pro Nacht mieten. Es handelte sich um ein ***Plastikzelt aus 504 leeren Bierflaschen***, das in einem Vorgarten 10 Minuten von der Wiesn entfernt steht.

499 // DAS OLYMPIAKOMITEE VERSUCHTE OHNE ERFOLG, ANDY WARHOL FÜR DIE GESTALTUNG DER GLASWAND DER OLYMPIA-SCHWIMMHALLE ZU GEWINNEN.

Springen auf eigene Gefahr. Wassertiefe 5 m. Schwimmen nicht gestattet.

500 // Auf der Landsberger Straße passieren die meisten ***Autounfälle*** pro Jahr.

501 // Die Adresse des Alten Peter ist nicht Petersplatz 1, sondern ***Rindermarkt 1***.

502 // Das ***Verhältnis*** von nach weiblichen historischen Persönlichkeiten benannten ***Straßennamen*** zu nach männlichen Persönlichkeiten benannten ist 1:11.

503 // DAS ZENTRALE BETTENHAUS DES KLINIKUMS GROSSHADERN HAT WEGEN SEINES EIGENTÜMLICHEN DACHAUFSATZES BEI MEDIZIN-STUDENTEN DEN SPITZNAMEN »DER TOASTER«.

504 // Das sogenannte »Münchner Haus« des Alpenvereins ist die ***höchstgelegene Schutzhütte*** der deutschen Alpen (2.959 Meter).

505 // Die meisten ***Urlaubsflieger***, die von München aus starten, fliegen nach Spanien (13,2 Prozent).

506 // Der ***Ratzingerplatz*** in Obersendling wurde 2008 von den Lesern der AZ zum ***hässlichsten Platz*** Münchens gewählt.

507 // Neben dem ***Strip-Dance-Nachtclub*** »Eve-Bar« in der Karlstraße befindet sich die Apotheke ***»St. Blasius«***.

508 // Die Ringe 15 und 16 im MVV-Gesamtnetz sind ***zu drei Vierteln komplett leer.***

509 // Die fünftgrößte ausländische Gruppe in München sind mit 21.056 Einwohnern die ***Österreicher***.

510 // Der Ratzingerplatz ist nicht nach Papst Benedikt XVI. benannt, sondern nach ***Generalleutnant Moritz Ratzinger***, der Ehrenmitglied der Freiwilligen Sanitätskolonne war.

511 // DIE FUSSGÄNGERUNTERFÜHRUNG AN DER KREUZUNG RESIDENZ-/ MAXIMILIANSTRASSE WURDE GENAU EIN JAHR LANG (1968–1969) ALS EINE SOLCHE GENUTZT. SEITDEM IST DAS HEUTIGE MAXIMILIANSFORUM EIN KUNST-, AUSSTELLUNGS- UND PARTYRAUM.

512 // ***Traditionelles Bier*** aus München war seit Jahrhunderten nicht hell, sondern dunkel.

513 // Das Schild »CHORHERRSTR.« am Haus Chorherrstraße 5/Ecke Johannisplatz ist das einzige ***Straßenschild*** Münchens in Groteskschrift in Großbuchstaben.

514 // DIESELBE AUTOBUSFIRMA, DIE MIT ÜBER 50 BUSSEN IM AUFTRAG DER MVG AUF MÜNCHNER BUSLINIENSTRECKEN FÄHRT, BETREIBT AUCH MÜNCHNER STADTRUNDFAHRTEN IN DOPPELDECKER-SIGHT-SEEING-BUSSEN FÜR TOURISTEN.

515 // Bis 1988 gab es in München die einzige unbemannte ***elektrische Post-U-Bahn*** Deutschlands. Sie beförderte unterirdisch Post vom Hauptbahnhof zum 400 Meter entfernt liegenden Postamt Hopfenstraße.

City Sightseeing
Münchener Stadtrundfahrten
Gray Line
since 1890
Hard Rock
MUNICH ROCKS!

516 // EIN ANWOHNER HAT AM 30. JUNI 2012 INSGESAMT 765 FLASCHEN UND DOSEN VON PARTYGÄNGERN RUND UM DEN GÄRTNERPLATZ EINGESAMMELT.

517 // Die Busse der MVG haben die Farben ***Taubenblau und Aluweiß***, während ältere Fahrzeuge königsblau und reinweiß sind.

518 // Die ***U-Bahnwache*** ist als einziger privater deutscher Wachdienst im öffentlichen Personennahverkehr mit Schusswaffen ausgestattet.

519 // Die lateinische Inschrift am erhaltenen ***Eingangsportal des Alten Botanischen Gartens*** (zu Deutsch: »1812 hat das Gebot König Maximilian Josephs die über die Erde verstreuten Pflanzengeschlechter kunstvoll vereint«) stammt von Johann Wolfgang von ***Goethe***.

520 // In Folge 82 der Krimiserie »Der Kommissar« sagt ein Weingroßhändler, der ***Rotkreuzplatz*** in München sei ***keine gute Gegend für ein Restaurant mit französischer Küche***. Aufgrund der Beschwerde eines Gastwirts strahlte das ZDF Wiederholungen dieser Folge erst wieder aus, als das Restaurant nicht mehr existierte.

521 // Die ***Münchner Bratwurst*** ist eine etwas größere Variante der mittelgroben Bratwurst.

Gärtnerplatz

522 // Bis 2007 durfte kein Spieler des FC Bayern eine andere Schuhmarke tragen als die des ***Hauptausrüsters Adidas***, selbst wenn der Spieler einen Vertrag mit einem anderen Ausrüster hatte.

523 // AM DACH DES HAUPTBAHNHOFS IN DER ARNULFSTRASSE 9 STEHT EIN TAUBENHAUS FÜR 250 VÖGEL. IHRE EIER WERDEN ALS INITIATIVE GEGEN DIE TAUBENPLAGE DURCH PLASTIKEIER ERSETZT.

524 // Eine ***spanische Schuhfirma*** gab sich einen deutsch-präzisen Anstrich, indem sie sich von »Berneda« in ***»Munich«*** umbenannte.

525 // Die ***Band Münchner Zwietracht*** (Hit »Mooshamma«, 2000) kam mit drei Grand-Prix-Auftritten in neun Monaten ins ***Guinnessbuch der Rekorde*** (Vorentscheid zum Grand Prix Eurovision de la Chanson, Grand Prix der Volksmusik und Grand Prix der guten Laune).

526 // Die Gedenktafeln für die ***»7 neuen Naturwunder«*** (darunter der Amazonas, die Halong-Bucht und der Tafelberg) wurden in der Kunstgießerei München in Schwabing gefertigt.

527 // Zum Oktoberfest im ***26-Seelen-Ortsteil München*** der Stadt Uebigau-Wahrenbrück in Brandenburg kommen jährlich 10.000 bis 15.000 Besucher.

528 // In den ***Musicland Studios*** im Untergeschoss des Arabella-Hochhauses nahmen in den 1970ern die Rolling Stones, Queen, Elton John, David Bowie, Donna Summer, Deep Purple und Led Zeppelin Alben auf.

529 // DIE STADTHYMNE MÜNCHENS »SOLANG DER ALTE PETER« WURDE VOM WIENER KOMPONISTEN CARL LORENS FÜR DEN STEPHANSDOM IN WIEN KOMPONIERT UND HIESS URSPRÜNGLICH »SOLANG DER ALTE STEFFEL AM STEPHANSPLATZ NOCH STEHT«.

530 // Die ***Unterwasser-Landebasis 104*** für die »Raumpatrouille Orion« aus der gleichnamigen ARD-Kultserie ist der ***leer geräumte Königsplatz in München***.

531 // 1989 und 2009 wurden in München die ***damals höchsten Legotürme*** der Welt gebaut (16,97 und 29,97 Meter).

532 // 2008 wurde beim Internet-Wettbewerb »Street Clash« München zur ***stylishsten Stadt*** gewählt.

533 // Die ***ältesten Filmaufnahmen***, die in München gemacht und von Carl Gabriel gezeigt wurden, waren ***1896*** vom ***Aufmarsch der Wachparade*** am Marienplatz sowie im selben Jahr vom Hofbräuhaus und vom Maximilianeum.

534 // 2012 durfte in ***vier Prozent*** der Münchner Gaststätten ***geraucht*** werden.

535 // Für ***1.000 Euro Miete*** bekommt man in der Münchner Altstadt eine 65 Quadratmeter große ***2,5-Zimmer-Wohnung*** in einem Nachkriegshaus.

536 // Die ***Erlebnisdusche*** im Müller'schen Volksbad wird ***»Eiserne Jungfrau«*** genannt.

537 // DAS VON ERHARD HÖSSLE GESTALTETE SPIELZEUGMUSEUM-WINDRAD AM TURM DES ALTEN RATHAUSES SPIELT MIT SEINEN GLOCKEN UND DEM BECKEN EINEN A-DUR-DREIKLANG.

538 // ***Thomas Niederbühl*** war 1996 in München der europaweit erste Vertreter einer ***schwul-lesbischen Partei***, der in einen Stadtrat einzog.

539 // Der berühmte ***Münchner Christkindlmarkt*** war bis 1806 ein Nikolausmarkt.

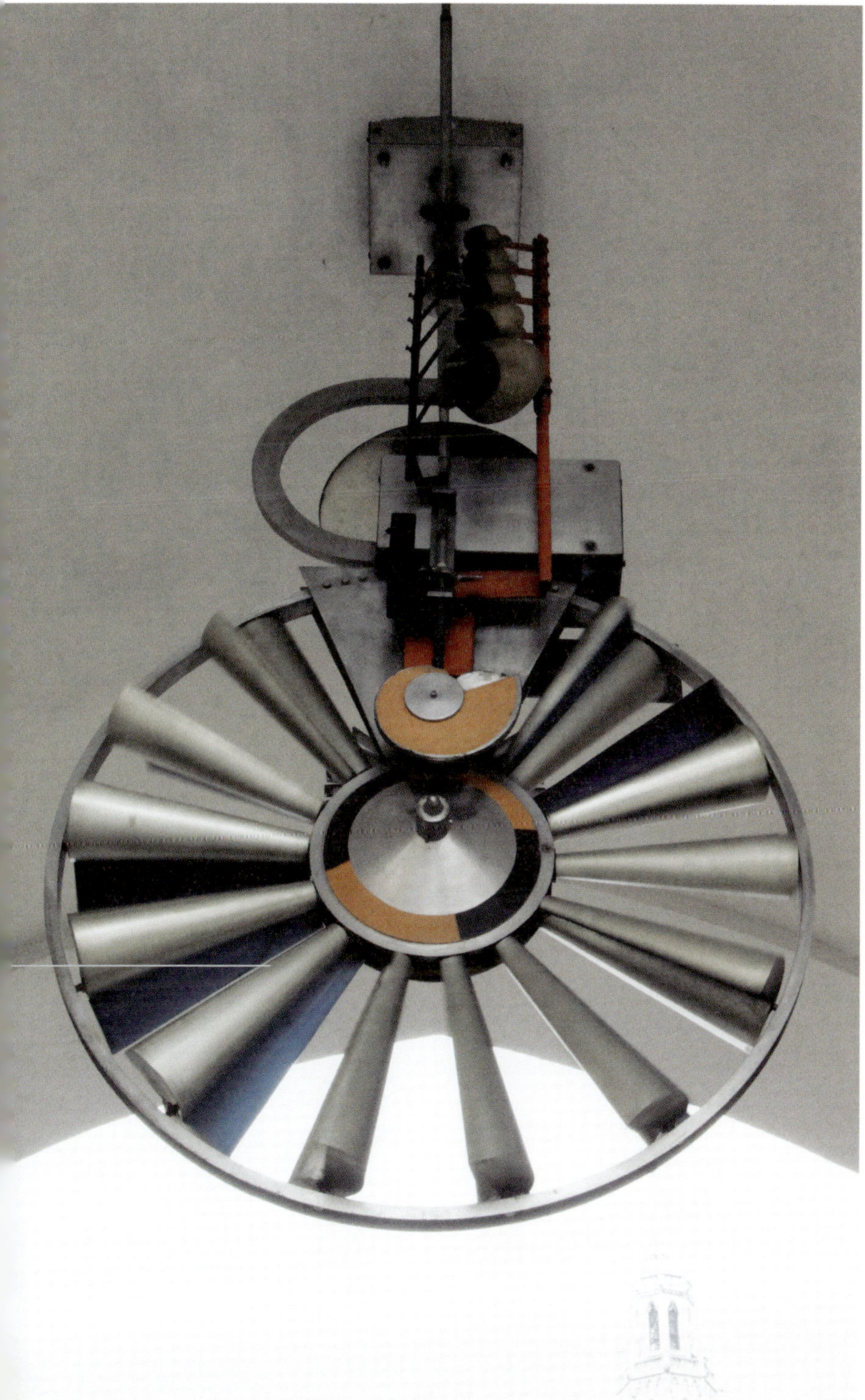

540 // Der FC Bayern München war bis 2012 ***22-mal deutscher Meister***, der TSV 1860 ***einmal*** (1966).

541 // Der Sprachforscher Bernhard Stör sagt den ***Tod des Münchner Dialekts*** zwischen den Jahren ***2050 und 2060*** voraus.

542 // Auf dem Grund des Münchner Gymnasiums, das ***Albert Einstein*** besuchte, wurde später ein ***Heizkraftwerk*** gebaut, das in den 1950er Jahren die Technik der Fernwärme entwickelte.

543 // ***Wärmster Wiesntag*** war der 22. September 1993 mit ***29,7 Grad***.

544 // Wegen der vielen in München ansässigen ***IT-Unternehmen*** bekam München auch den Spitznamen ***»Isar Valley«***.

545 // Die erste Platte der ***japanischen Band »Coconami«***, die in München lebt, heißt »Mi-Na«.

546 // ***Münchner Fraktur*** ist eine 1885 für eine ***Hamburger Druckerei*** erfundene Schriftart.

547 // Der Raketenschlitten ***RAK BOB 1***, Vorläufer aller Weltraumraketen, wurde 1928 von der Münchner ***Karosseriefabrik Kogel*** gebaut.

548 // Im Juli 2012 stellten die Stadtwerke München ein Schild auf, auf dem stand: »Wir arbeiten am ***Gasnetz*** – Projekt ***Platz der Opfer des Nationalsozialismus«***.

549 // DIE ERSTE PATENTANMELDUNG IM EUROPÄISCHEN PATENTAMT IN MÜNCHEN WURDE AM 1. JUNI 1978 ERTEILT.

550 // Bei Franz Samuel in Schäftlarn brennt seit über 40 Jahren das ***Olympische Feuer von München 1972***, weil er damals beim Fackellauf zum Olympiastadion durch Schäftlarn eine Kerze an der Fackel entzündete und das Feuer seitdem am Lodern hält.

551 // In der Ruhmeshalle stehen nur ***vier Frauenbüsten***.

552 // DAS BECKEN DES FISCH-BRUNNENS IST AUS MUSCHELKALK.

553 // In München leben ***844 Staatenlose***.

554 // Im Jahr 2012 haben zwei ***14-Jährige*** und sieben ***15-Jährige*** in München ein ***Kind*** zur Welt gebracht, eine davon ehelich.

555 // ALLE MÜNCHNER SAMMELN PRO JAHR 41.000 TONNEN BIOABFÄLLE UND 101.000 TONNEN ALTPAPIER.

556 // DIE ERSTE STRASSENBELEUCHTUNG MÜNCHENS 1457 BESTAND AUS HAUTFETT VON RINDERN UND SCHAFEN.

557 // Sowohl im FC-Bayern- als auch im TSV-1860-***Fanshop*** gibt es Toaster, Schnürsenkel, Eierbecher und Hundenäpfe mit dem jeweiligen Logo.

558 // Pro Tag werden auf Münchens Straßen ***6,6 Taschendiebstähle*** verübt.

559 // Auf Facebook heißt eine Seite ***»Ich komme aus München, damit bin ich automatisch cooler als Du«***.

560 // Die Spieler des FC Bayern München erhielten am öftesten die Medaille ***»Tor des Monats«***.

561 // ***Otto Hupp***, der das bayerische ***Staatswappen*** sowie die Wappen von Aubing, Feldmoching, Milbertshofen, Pasing und Untermenzing kreierte, schuf auch das Logo der Spaten Brauerei.

562 // An der Ickstattstraße 12 liegt das Schrauben-geschäft ***»Schrauben-Mutter«***. Es heißt nach seiner Gründerin Wilhemine Mutter.

563 // Die Firma Rischart schenkt die ***Backwaren vom Vortag*** dem benachbarten Herz-Jesu-Kloster.

564 // Zu den Kunden des in der Kaufingerstraße gegründeten ***Handschuhgeschäfts Roeckl*** zählten König Ludwig II. und Kaiserin Sissi.

565 // DIE RIESIGE LÖWENFIGUR VOR DEM LÖWENBRÄU-FESTZELT DURFTE 1952 IHR »LÖÖÖÖWENBROOOOI« NICHT BRÜLLEN.

---

566 // Am Haus des Münchner ***Polizeipräsidiums*** waren sechs der sieben Todsünden aufgemalt. Heute kann man nur noch die ***Faulheit*** und den ***Neid*** erkennen.

567 // Kerstin aus München, die bei einem Wettbewerb von Radio Arabella gewann, ist die ***bayerische Navistimme*** der Firma Garmin.

ÄU
LÖWENBRÄU
LÖW

568 // DER BILDHAUER, DER DAS UNGE-WÖHNLICHE GOETHE-MONUMENT IN CHICAGO (MUSKULÖSER JÜNGLING MIT ADLER AUF DEM KNIE) ENTWARF, SCHUF AUCH DIE DARSTELLUNG DES STAMMES DER BAIERN IN FORM EINES JÄGERS AUF DER LUITPOLDBRÜCKE.

569 // Ein Song von Konstantin Wecker heißt ***»München, bist a oide Schnoin«***.

570 // DAS SKELETT DES MÜNCHNER ORIGINALS »FINESSENSEPPERL« KANN AUF SEIN EIGENES GRAB SCHAUEN. SEINE GEBEINE SIND IN DER PATHOLOGIE IN DER THALKIRCHNER STRASSE AUSGESTELLT, SEIN (LEERES) GRAB IST GEGENÜBER AUF DEM ALTEN SÜDFRIEDHOF.

---

571 // Der »1. FC Bayern München ***1896***« wurde ***1899*** gegründet.

572 // Die in den 1930ern gebauten Häuser Donaustraße 25–31 und Hanfstaenglstraße 16–20 haben – in Google Maps eindeutig erkennbar – einen ***Hakenkreuz-Grundriss***.

573 // AUF DEM VON DER BAHN BEAUFTRAGTEN GRAFFITI IM ZWISCHENGESCHOSS ROSENHEIMER PLATZ IST EINE S-BAHN »S 36 RICHTUNG KLENZESTRASSE« ABGEBILDET, DIE ES NICHT GIBT.

---

574 // München hat nach Berlin die ***zweitmeisten Internetseiten*** mit der Endung »de«.

SPZ 1
SPZ 2 →

575 // Modell für den ***wachenden Hirten*** am Rindermarktbrunnen stand ***Gilbert Prousch***, der heute Teil des provokanten schwulen Künstlerduos Gilbert & George ist.

576 // ***Riesenschildkröte*** Paula ist mit ***140 Jahren*** das älteste Tier im Tierpark Hellabrunn.

577 // Ein ***Glasscheibenelement*** des Luxus-Turms »The Seven« kostet ***10.000 Euro***.

578 // Der in der Richard-Wagner-Straße 10 ausgestellte ***Ur-Elefant Gompho*** ist ***»Fossil des Jahres 2013«***.

579 // Am Frankfurter Ring wurde das mit 80 Meter Höhe größte transportable ***Riesenrad*** der Welt für Mexiko gebaut.

580 // Die ***erste praktische Ärztin Münchens*** war Hope Bridges Adams Lehmann, die sich während ihres Medizinstudiums zum Ende des 19. Jahrhunderts bei Vorlesungen als männlicher Student verkleidete, um nicht aufzufallen.

581 // Es kommen im Jahr ***mehr Gäste aus der Schweiz*** als aus Österreich nach München.

582 // Die ***meisten Ausländer*** in München, die 2011 eingebürgert wurden, stammen aus dem Irak.

583 // Das sperrige Wort ***Sperrengeschoss*** wird auf den Anzeigetafeln der MVG durch das Wort Zwischengeschoss ersetzt.

584 // Die ***Deutsche Eiche*** in der Reichenbachstraße gehörte über Generationen der Familie Reichenbach, die nichts mit dem Namen der Straße zu tun hat.

585 // Der Münchner Wilhelm »Willo« Welzenbach benutzte als erster Bergsteiger der Welt ***Eishaken*** bei der Besteigung des Großen Wiesbachhorns.

586 // ***Knetmasse*** wurde ***1880*** vom Münchner Apotheker Franz Kolb unter der Bezeichnung »Kunst-Modellierthon« erfunden.

587 // Die Steinfiguren an der Treppe vor der Bayerischen Staatsbibliothek heißen im Volksmund ***»Die vier Heiligen Drei Könige«***.

588 // Die Münchner sind Bayerns ***Sparmeister*** und legen pro Monat durchschnittlich 221 Euro beiseite.

589 // Wegen der Übertragung des Lokalspiels FC Bayern–Borussia Dortmund im BR wurde der ***Nockherberganstich 2013*** eine halbe Stunde vorverlegt.

590 // Auf der ***Tegernseer Landstraße*** gibt es sieben Läden, die ***»TeLa«*** in ihrem Namen tragen.

591 // Franz Beckenbauers Hit »Gute Freunde kann niemand trennen« war die ***B-Seite der Single*** »Du allein«.

592 // Die ***Schriftart »Vialog«*** löste die »Münchner Verkehrsschrift« 2002 als Hausschrift der MVG ab.

593 // Im ***Hintergebäude*** des Bayerischen Landtags ***wohnen Studenten*** der Stiftung Maximilianeum.

594 // ***1935*** hing in der Geisterbahn auf der Wiesn ***ein echtes Skelett*** von der Decke, das sich heute im Stadtmuseum befindet.

595 // Die Billigfluglinie Wizz Air nennt den 110 Kilometer von München entfernten Flughafen Memmingen ***»Memmingen/ München West«***.

596 // Der Italiener Peter Paul Sarcletti verkaufte ***1879*** das ***erste Speiseeis*** in München. Sein Urenkel führt heute noch die Eisdiele am Rotkreuzplatz.

597 // IN DEUTSCHLAND GIBT ES 114 KIRCHEN, DIE »FRAUENKIRCHE« ODER »LIEBFRAUENKIRCHE« GENANNT WERDEN.

---

598 // Beginnt man bei ***Google Maps*** mit der kleinstmöglichen Ansicht auf Europa, erscheinen nach zwei Zoomstufen die Städte Berlin und Hamburg. München erscheint erst in der ***dritten Zoomstufe***.

599 // Während des Zweiten Weltkriegs gab es Überlegungen, den Münchner ***Hauptbahnhof nach Laim*** zu verlegen.

600 // DIE MEISTEN
DEUTSCHEN (63 PROZENT) ASSOZIIEREN MÜNCHEN MIT DEM OKTOBERFEST. 54 PROZENT MIT FC BAYERN MÜNCHEN UND 53 PROZENT MIT BIERGÄRTEN.

601 // Die ***NachtKantine*** in der Kultfabrik war früher die Kantine der Firma ***Pfanni***.

602 // Bis ***1972*** fuhren täglich 75.000 Autos sowie Dutzende Straßenbahnen und Busse durchs ***Karlstor***.

603 // Franz Josef Strauß war ***Ehrenbürger von Izmir***.

604 // Das Hotel ***Max*** in der Amalienstraße hieß früher Hotel ***Dachs***.

605 // ***Lenin*** und ***Hitler*** wohnten beide in ihrer Münchner Zeit in der ***Schleißheimer Straße***.

606 // Zur ***185 Meter*** hohen Aussichtsplattform am Olympiaturm fährt man mit dem Lift in ***30 Sekunden***.

607 // Im Münchner Stadtgebiet stehen rund ***25.000 Fahrradständer***.

608 // ***Bockbier*** kommt ursprünglich aus ***Einbeck in Niedersachsen***. Aus »Ainpökisch Bier« wurde im bayerischen Volksmund »Ein Bock«.

609 // In München gehen im Jahr 1,5 Millionen Menschen ins ***Theater*** und 4,5 Millionen ins ***Kino***.

610 // DAS »BRUNNENBUBERL« IN DER FUSSGÄNGERZONE NEUHAUSER STRASSE HEISST EIGENTLICH »SATYRHERME MIT KNABE« UND STAND URSPRÜNGLICH IN EINER GRÜNANLAGE AM STACHUS.

BRUNNENBUBERL GESTALTET 1895
VON MATTHIAS GASTEIGER

611 // ***Nachgüsse des Brunnenbuberls*** wurden in die ganze Welt verkauft, unter anderem nach Erlangen, Barmen, Triest, Wiesbaden und Chicago sowie an den Berliner Zoo.

612 // Jeder Münchner produzierte im Jahr 2011 ***410 Kilogramm Müll***.

613 // Wegen ***»rassistischer Begriffsbildung«*** gibt es auf dem Oktoberfest seit 2013 keinen »Eismohr« mehr.

614 // Das größte ***Kirchenglockenspiel*** (Carillon) Bayerns hängt mit 65 Glocken, die insgesamt 22 Tonnen wiegen, in der Mariahilfkirche in München-Au.

615 // In der ***»minibar«*** auf der Schwanthalerhöhe gibt es jeden Monat eine ***Mittagsdisco***.

616 // INNERHALB DES MITTLEREN RINGS STEHEN 4.400 PARKSCHEINAUTOMATEN.

617 // An einem warmen Sommertag werden im Augustinerkeller bis zu ***15.000 Maß Bier*** ausgeschenkt.

618 // Am Sonntag, dem ***21. April 1968***, verkehrte zum letzten Mal eine Straßenbahn auf der Altstadttrasse zwischen Isartor und Stachus.

619 // Mehr als die Hälfte der Mieter im ***Luxusgebäude »The Seven«*** sind Münchner, der Rest kommt aus dem süddeutschen Raum.

620 // Für das ***750 Quadratmeter große Penthouse*** im Luxusgebäude »The Seven« wurden über 14 Millionen Euro gezahlt.

621 // Ein ***Fahrradfahrer***, der bei Rotlicht, das bereits länger als eine Sekunde leuchtet, über die Kreuzung fährt, zahlt in München ein Bußgeld von ***100 Euro***.

622 // Nur sieben Stadtteile Münchens hatten vor ihrer Eingemeindung ein eigenes ***Wappen***.

623 // Das ***Rosenheimer Herbstfest*** auf der Loretowiese wird von Einheimischen ebenfalls »Wiesn« genannt.

624 // Im Jahr 2012 zogen ***23.259 Menschen*** mehr nach München als wegzogen.

625 // Weltweit gibt es etwa ***2.000 Oktoberfest-Nachahmer***.

626 // ***79 Prozent*** aller Münchner leben zur Miete.

627 // Der ***heißeste Tag*** in München war der 13. August 2003 mit ***37,1 Grad Celsius***.

628 // FÜR DIE REINIGUNG DER GESAMTEN TRAMBAHNSCHIENEN IN MÜNCHEN BRAUCHT MAN EINE WOCHE.

629 // Die ***U4*** wurde während ihrer Planungszeit als ***U9*** bezeichnet.

630 // Für das ***Telekom Center*** am Leuchtenbergring zahlte eine Fondsgesellschaft 206 Millionen Euro.

631 // Das neue ***Haifischbecken*** im Tierpark Hellabrunn enthält 100.000 Liter Wasser.

632 // Der Organisator des winterlichen Münchner ***Eiszaubers am Stachus*** ist der Wirt der Kalbs-Kuchl auf der Wiesn.

633 // Auf einem alten, herkömmlichen Handy tippte man ***»6862436«*** für »München«.

634 // In München gibt es kein ***Drei-Sterne-Restaurant***.

635 // Der Durchschnittspreis für eine Wiesnmaß betrug ***2012 9,30 Euro*** und ***1991*** umgerechnet etwa ***3,90 Euro***.

636 // Im Münchner U-Bahn-Netz hängen ***69 Defibrillatoren*** in 58 Bahnhöfen.

637 // Das Haus im ***Tal 19***, in dem sich ein Beratungs- und Therapiezentrum für ***Suchtgefährdete und Abhängige*** befindet, hieß vorher ***»Goldene 19«***.

638 // 304 TONNEN LUFTFRACHT- UND POSTUMSCHLAG WERDEN AM FLUGHAFEN MÜNCHEN IM JAHR ERZIELT.

639 // Die ***Lufthansa*** hat in München 10.000 Mitarbeiter.

640 // 2011 wurden in München 4.363 Tote in ***Särgen*** bestattet und 6.400 ***Urnen*** beigesetzt.

641 // Jeder Mitarbeiter des Münchner Abfallwirtschaftsbetriebs ist durchschnittlich ***24,9 Tage im Jahr krank***.

642 // In der Stadtverwaltung sind ***141 Griechen*** beschäftigt.

643 // Alle Münchner S-Bahn-Züge wurden mit einer speziellen ***Anti-Graffiti-Lackierung*** für insgesamt 1,5 Millionen Euro lackiert.

644 // Der Rotkreuzplatz wurde umgangssprachlich in den 1920er Jahren ***»Stachus von Neuhausen«*** und in den 1930er Jahren ***»Rio«*** genannt.

645 // Der berühmte Komponist ***Richard Strauss***, von dem man unter anderem die Titelmelodie aus dem Film »2001: Odyssee im Weltraum« kennt, ist der ***Enkel von Brauereigründer Joseph Pschorr***.

M
Sky Chefs
214/2
M
214/1

646 // FÜR DAS OKTOBERFEST GEHEN JÄHRLICH ETWA 1.400 BEWERBUNGEN EIN, ZUGELASSEN SIND 540 BETRIEBE.

Prinzessin

647 // Münchens Stadtteil Nymphenburg war am 11. Februar 1956 mit ***–29 Grad*** der kälteste Punkt Europas.

648 // Der ***Ochsengarten*** war das ***erste Fetischlokal*** und ist die älteste Lederbar für schwule Fetischfans in Deutschland.

649 // Das Wirtshaus ***»Bayerischer Donisl«*** am Marienplatz ist nach dem Wirt ***Dionysius Haertl*** benannt, der hier von 1760 bis 1775 seinen prägenden Eindruck hinterließ.

650 // DIE GROSSEN LETTERN »J. B. DÄNTL GEGR. 1839« AUF DEM HAUS DER »SAN FRANCISCO COFFEE COMPANY« IM TAL 17 STEHEN FÜR JOHANN BAPTIST DÄNTL, DER HIER 1839 EINE METALLHANDLUNG GEGRÜNDET HAT.

651 // DER LATEINISCHE LEITSPRUCH IN DER ASAMKIRCHE »QUIDQUID LATET, APPAREBIT / NIL INULTUM REMANEBIT (WAS IMMER VERBORGEN IST, WIRD OFFENBAR WERDEN / NICHTS WIRD UNGESTRAFT BLEIBEN)« BESTEHT AUS ZWEI VIERHEBIG AKZENTUIERENDEN VERSEN MIT ENDREIM.

652 // Am Gelände der Kulturfabrik wurde im 19. Jahrhundert ein ***Pferdeschlittenrennen*** abgehalten.

653 // Die Metzger der Metzgerzeile des Viktualienmarkts werden auch ***»Zwölfapostelmetzger«*** genannt, auch wenn heute insgesamt nur noch ***neun Metzger*** Tür an Tür ihre Waren verkaufen.

654 // Die ***Firma Michael Kuchenreuther*** betreibt sowohl die Leopold-, ABC- und Münchner-Freiheit-***Kinos*** als auch eine ***Porzellanhandlung*** auf der Sonnenstraße.

655 // Ein Entwurf zum Umbau der Frauenkirche von 1857 sieht ***spitze Türme*** statt der runden Hauben vor.

656 // Der Architekt des Zentralgebäudes des Münchner Flughafens hieß ***Hans-Busso von Busse***.

657 // Auf der Sendlinger Straße 36 liegt neben dem »***Vinzenz*** Murr« das Geschäft »***Vincent*** – Shoe Store«.

658 // DIE VOLKSSCHAUSPIELERIN IDA SCHUMACHER, DIE MIT EINER BRUNNENBÜSTE AM VIKTUALIEN-MARKT VEREWIGT IST, WURDE BEKANNT MIT DEM STÜCK »TRAM-BAHNRITZENREINIGUNGSDAME (ODE AN DEN ROLLWAGERLADMIRAL)«.

659 // Die Flöhe August (der Starke), Fridolin (der Jongleur) und Theodor (der Fußballspieler) des ***Flohzirkus*** auf der Wiesn sind in Wirklichkeit Flohdamen, weil weibliche Flöhe größer und stärker sind.

ida
Schumacher

Münchner Freiheit

660 // Günther Jauch fand in den 1980ern heraus, dass im Zelt von Wiesn-Napoleon Richard Süßmeier aus einem angeblich 200 Liter fassenden ***Hirsch-Fass*** 289 Maß Bier ausgeschenkt wurden. Jauch wusste nicht, dass der Inhalt dieser Fässer ***nicht genormt*** ist.

661 // Als ***»Münchner Lack«*** wird ein Farblack in der Farbe Karmin bezeichnet.

662 // DIE MÜNCHNER FREIHEIT HIESS VON 1933 BIS 1947 DANZIGER FREIHEIT.

663 // Im Wintersemester 2011/2012 waren ***alle 65 Studierenden*** der Sprach- und Kulturwissenschaften an der staatlichen Fachhochschule ***weiblich***.

664 // Der Steinblock für die Steinplastik »Mädchen auf Delphin« auf einem Kinderspielplatz beim Westbad kostete ***60.000 D-Mark***. Die Künstlerin Marlene Neubauer-Woerner erhielt als ***Honorar 900 D-Mark***.

665 // Geübte Wiesn-Schankkellner brauchen zum Füllen eines Maßkrugs ***eineinhalb Sekunden***.

666 // Der ***»Alte Peter«*** hatte ursprünglich zwei Türme, die im Zweiten Weltkrieg zerstört wurden und zwischen denen der neue breite Turm entstand.

667 // Auf der Seite zum Justizgebäude (Prielmayerstraße) kann man auf dem Kaufhaus unter dem Schriftzug ***»Karstadt«*** immer noch die Buchstaben ***»Hertie«*** erkennen.

668 // DER NAME DER STRASSE LÖWENGRUBE KOMMT VON DEM FRESKO »DANIEL IN DER LÖWENGRUBE« AM STAMMHAUS DER LÖWENBRAUEREI IN DER LÖWENGRUBE 17.

---

669 // Am Hauptbahnhof findet man nur auf den Gleisen 18 und 19 große runde ***Bahnhofsuhren*** mit nur einem Ziffernblatt auf einer Seite.

670 // Auf dem Münchner Rosenball und auf dem Kocherlball wird die aus der Quadrille hervorgegangene ***»Münchner Française«*** getanzt.

671 // Die Münchner ***Bladenight*** ist mit circa 10.000 Skatern pro Veranstaltung Deutschlands größte Skatenight.

672 // Der ***Süddeutsche Verlag*** hat neben der Süddeutschen Zeitung auch Beteiligungen am Münchner Merkur, der tz, Radio Gong 96,3 und Antenne Bayern.

673 // In München sind ***fünf Dax-Unternehmen*** angesiedelt.

674 // 1812 wurde das Lehel offiziell in ***»St.-Anna-Vorstadt«*** umbenannt, was sich aber nie durchsetzte.

675 // In München fand die ***erste Lichterkette*** gegen Ausländerfeindlichkeit statt. Am 6. Dezember 1992 kamen 400.000 Menschen zur größten Demonstration in München seit dem Zweiten Weltkrieg.

676 // Die Landeshauptstadt München entwickelte eine Vorlagenerweiterung für OpenOffice, ***»Eierlegender WollMux«*** genannt, die auch in anderen Kommunen zum Einsatz kommt.

677 // Das Hofbräuhaus-Lied mit dem Refrain ***»In München steht ein Hofbräuhaus«*** wurde von dem Berliner Komponisten Wilhelm Gabriel in Berlin geschrieben, von dem auch unter dem Pseudonym Rolf Hildebrand das Lied »Wenn die SS und die SA aufmarschiert mit Tschingderassassa« stammt.

678 // Der Platz 14 in den UK-Charts von 1988, ***»Keeping the dream alive«*** der Band »Freiheit«, war der Versuch der »Münchener Freiheit«, eine internationale Karriere zu starten.

679 // Der ***U-Bahnhof Goetheplatz*** ist mit 135 Metern Bahnsteiglänge länger als die anderen Bahnhöfe mit üblichen 120 Metern.

680 // Die ***erste Drehbühne Europas*** wurde bei der Mozart-Oper »Don Giovanni« im damaligen Münchner Residenztheater (heute Cuvilliés-Theater) 1896 eingesetzt.

681 // Die meisten ***ausländischen Männer***, die 2011 von Münchnerinnen ***geheiratet*** wurden, waren aus der Türkei (80).

682 // Die meisten ***ausländischen Männer***, die 2011 von Münchnerinnen ***geschieden*** wurden, waren aus der Türkei (68).

683 // LIESL KARLSTADT HIESS EIGENTLICH ELISABETH WELLANO.

684 // Die ***meisten Ausländer***, die 2011 von Münchnerinnen und Münchnern ***geheiratet*** wurden, waren Österreicher (143).

685 // Die einzige Millionenstadt Deutschlands, in der die ***»Stolpersteine«***, ins Pflaster eingelassene Gedenksteine für Opfer des Naziregimes, ***nicht verlegt*** werden dürfen, ist München.

686 // DIE ÄLTESTE FILIALE DER KETTE »NORDSEE« ERÖFFNETE 1898 AM VIKTUALIENMARKT.

687 // Der Maler und Begründer des »Blauen Reiters« ***Franz Marc*** und ***Albert Einstein*** gingen in München zusammen zur ***Schule***.

688 // Die durchschnittliche Wohndauer eines Mieters im ***21.*** Stadtbezirk Pasing-Obermenzing beträgt ***21 Jahre***.

689 // Das Wasser aus dem Oberen Mangfalltal deckt heute 80 Prozent des ***Trinkwasserbedarfs*** von München.

690 // Der ***Friseursalon*** Salon Charlotte in der Theresienstraße 158 steht ***unter Denkmalschutz***.

691 // JACKL ROIDER SANG IN EINEM GSTANZL: »JETZT MUASS I AUFHERN ZUM SINGA, SONST WER I BERÜHMT / UND KRIAG A R'A SO A DENKMAL, DA WO'S WASSER RAUSRINNT.« HEUTE ERINNERN AN DEN BAYERISCHEN VOLKSSÄNGER DREI BRUNNEN: IN FREISING, IN WEIHMICHL UND AM VIKTUALIENMARKT.

692 // Die in München spielende ***»Funkstreife Isar 12«*** war die erste bayerische Fernsehserie.

↑ Zum Viktualienmarkt

693 // Es gibt ein ***München Wiki***.

694 // In der Dachauer Straße befand sich Münchens letzter Stall für ***Postkutschenpferde***.

695 // München ist nach Berlin das ***zweitbeliebteste Reiseziel*** in Deutschland.

696 // PRO STUNDE WERDEN IN MÜNCHEN DURCHSCHNITTLICH 1,7 BABYS GEBOREN.

697 // Bis 1904 transportierte jede Woche ein ***Floß*** Passagiere in sieben Tagen von ***München nach Wien***.

698 // In Berlin wurde ein Lokal nach der Münchner Kommunen-Ikone Uschi Obermaier ***»Muschi Obermaier«*** benannt.

699 // Alle Bewohner Münchens hätten in ***20 Allianz Arenen*** Platz.

700 // In Münchner Krankenhäusern gibt es ***11.622 aufgestellte Betten***.

701 // Das ***P1*** verdankt seinen Namen der Adresse ***Prinzregentenstraße 1***.

702 // Der Platz vor der Hochschule für Fernsehen und Film (HFF) ist nach dem 2011 verstorbenen ***Filmemacher Bernd Eichinger*** benannt.

703 // Das ***Erzbischöfliche Palais*** in der Kardinal-Faulhaber-Straße wurde für 8,7 Millionen Euro renoviert.

704 // Das ***Gabriel-Kino*** in der Dachauer Straße ist eines der drei ältesten Kinos der Welt, die immer noch bespielt werden.

705 // Horst Tappert, der den ***Münchner Oberinspektor*** Stephan Derrick in 281 Folgen verkörperte, wurde in ***Elberfeld*** (heute Wuppertal) im Rheinland geboren.

706 // DIE FLIEGENDEN HANDYS, DAS LOGO DES LADENS »SECOND HANDY«, »FLIEGEN« AUF DER TEGERNSEER LANDSTRASSE 127 ÜBER DIE GANZE HÄUSERFRONT UND SOGAR ÜBER ZWEI BALKONE.

707 // Die ***Kamerafirma »ARRI«*** in der Türkenstraße erhielt ***16 Oscars*** für technische Innovationen in der Filmindustrie.

708 // Die längste Straße Münchens ist mit ***11,2 Kilometern*** die ***Dachauer Straße***.

709 // Das städtische Telefonbuch 2012 hat ***522 Seiten***.

710 // Münchens ältester ***Fußballverein*** hieß ***»Terra Pila«*** (Erdkugel) und spielte auf dem Gelände der Theresienwiese.

711 // DIE SKULPTUR DES MANNES MIT AUSGEBREITETEN ARMEN VOR DER KAUFINGERTOR PASSAGE HEISST »MANN MIT AUSGEBREITETEN ARMEN«.

ANDRÉ STANLY IST EIN ZUAGROASTER AUS WIEN. Er lebte fünf Jahre in Nymphenburg-Neuhausen und arbeitete als TV-Redakteur in Ismaning.

MIRELA STANLY IST EIN ECHTES MÜNCHNER KINDL.

Geboren im »Klinikum rechts der Isar«, wuchs sie in Giesing, Berg am Laim und Johanneskirchen auf. Sie schrieb zahlreiche Drehbücher, Sketche und Konzepte für Radio und Fernsehen.